愚か者の品格

疲れたあなたに贈る愚権論

里中李生

SOGO HOREI PUBLISHING CO., LTD

はじめに

人には愚かになって遊ぶ権利がある。

女性が、女子会でバカな話をする権利。男が、部屋でＡＶばかりを見ている権利。本書はそれがテーマだ。

何しろ、大世間様は、人が愚かな行為をしたり、失敗をすると一斉に叩き、そして笑う。嘲笑《ちょうしょう》するということだ。軽蔑し、「自分は偉いですよ」という態度に終始する。

パンにバターを塗って、誤ってテーブルから落とすと、バターを塗った方が必ず床にベタっ。

マーフィーの法則だが、人は誰でも失敗をし、それが人生の九割を占めるらしい。

そうして失敗を繰り返してきて、親に、友人に、同僚に、妻や夫に叱られてきた人は疲労困憊《ひろうこんぱい》だ。

ましてや、その間、仕事を熱心にしていたら、恐らくストレスの病気になるだろう。

そんな人には、

愚かに行動する権利がある。

それを本書では『**愚権《ぐけん》**』という。

言うまでもなく、サボりにサボっている人間が、愚かな行動に遊んでいたら、それは愚権の行使ではなく、ただの愚行。

「今どき、努力は不要。合理的に、コスパを重んじて仕事をして成功する」というのも、大学を出た途端に喚《わめ》いていたら、それは愚行で、しかし、三十歳か四十歳を過ぎて、もう努力も疲れてきた。批判ばかりされている。お祓《はら》いが必要なくらい不運が重なる、という人は、大いに愚かな行動で、心と体を癒してほしいのだ。

私は死に繋がる病気を持っている。

だから、疲れている人の気持ちはよく分かる。特に、頑張ってきたのに疲れてしまった人の気持ちだ。「ずっと親と暮らしていて疲れてしまった」とか、そういう甘えは受け付けない。

孤独に戦い、または誰かを守り、責任感の塊で、それで疲れてしまった人たちだ。男はもちろんそうだが、女性にもいるだろう。

家族サービスなどせずに、一人で山奥の温泉に行き、こもっている。

南の島に行き、水着の女の子を眺めている。

女性なら、イケメンのいる飲み屋やスパに行き、ぼうっとしている。

それを親しい人たちから批判されないようにするためには、それまでに実績や努力の証拠を残さないといけなく、何も実績もなく、それをやっていると、多くの友人を失うことになる。もちろん、同類の「仲間」は増えるが、仲間は友人ではないし、親友にも滅多にはならない。

さて、この愚権にはあるマナーを守らなければいけない大問題がある。それは、

人目を避けること。

銀座の歩行者天国にゴミを捨てていくのは中国人たちだが、分かりやすい事例だ。彼らはその愚行に権利があると思っているのだ。自国の慣習であり、郷に入れば郷に従う気もない。それは日本人から見ると不愉快極まりないのだ。同じく我々が行う愚行は、人目を避けなければいけない。

または、**同じ愚行をしたがっている人たちと集まって、密室で行うことだ**。それをパーティという。

乱交パーティを咄嗟《とっさ》に想像した読者もいたと思うが、パーティとはほとんどが別段、高貴なものではない。弁護士や医師が集まる高級パーティに女の子が行けば、即お持ち帰りのただのセックスパーティだ。それを覚悟しているのだから同類の集まりで、「同意」がある。そこにテレビカメラが設置してあって、日本中に放送さ

れているわけでなく、密室的な要素が強くなっていて、そこで何をしようとかまわないのだ。

殺人さえなければ、他の違法行為や事故は、どんな場所や集いでもあるのだから、「ひどい目に遭ったらどうするんだ」というあげ足は取らないでほしい。

事故、不運を「ゼロ」にはできない。

とても道徳的な、善い行いをしていても事故はある。

「同意」という言葉が出たが、何度も何度も口約束をし、契約書を交わすことが同意だと思っている人もいるかもしれない。しかし、「この世界では当たり前の仕事があります」という職業に就職をしたり、「当たり前の遊び方があります」という施設に入ったりして、「ひどいことをされた。同意していない」という人間が、特に女性に多い。反省してほしい。

本文でも触れているが、水着になるのが当たり前のアイドルの仕事で、「水着が嫌だった」と後年、発言するアイドルがたまにいる。「だったらなんでアイドルになったの？」という素朴な疑問が出てくる。「わたしだけが水着にならなくてもいいでしょ」も通用しないはずだ。スタイルが抜群なのに、どういうワガママだろうか。そこで大世間様は、「嫌がる少女を無理やり水着にした」と批判するわけだが、本人と世間が同意を理解していない愚行の最たるものである。本書ではそんな、世の中の愚行と、愚権がないのに愚かな行動に出る人間の問題にも言及している。

とはいえ、それほど難しい話ではない。

私もストレスがあるから、それを書いているだけだ。

「南の島でずっと寝ていたいな」

と。

死ぬまで働き詰めも悪くない。

しかし、それは強い人間のすることだ。

強い人間は滅多にいない。

十年、働き続ければ負けることもあり、

「自分はなんて弱いんだ」

と落ち込む必要はない。負けるのも弱まるのも当たり前なのだ。

ほら、まだ三十五歳なのに、白髪も出てきたでしょう?

ゴールデンウィークに加え、シルバーウイークも出てきた。

もっと休んでいいのだ。

少年少女時代に傷があり、なのに仕事を頑張っているあなた。

病気が辛いのに、責任があって、プレッシャーに負けそうで、なのになぜか鬱《うつ》病にならない強いあなた。

「人目を避けて、裸踊りでもしようよ」

という話だ。

CONTENTS

第1章 社会の許されない愚行

第2章 個人がやっても許される愚行

第3章 私がやっているお勧めの愚行

ブックデザイン　土屋和泉
本文ＤＴＰ　横内俊彦
カバー写真　©Stephen Webster/plainpicture/amanaimages

第1章

社会の許されない愚行

1

本当に愚かな行動とは何か

デヴィッド・ボウイの歌に見る愚かな行動

本当の愚かな行動とは何か。

ロック歌手、デヴィッド・ボウイを知らない人はあまりいないと思う。若者は知らないかもしれないが、彼の息子が映画監督で『ミッション：8ミニッツ』という名作を作っている。

そのデヴィッド・ボウイの歌にこんな歌詞が出てくる。

「アメリカの苦悩はミッキーマウスで子牛を太らせて……」

意味はもちろん、ディズニーで稼いで、マックやステーキのために牛をたくさん育てて病的に人が太ってしまったということだ。

それをやったのはアメリカという国だ。

本書に出てくる私が勧める愚行は、**親しい人に認められることと個人がこっそりとやること**に限定されている。

それが分からなければ話にならない。分からない人は本書を読まない方がいいだろう。

政治家が勝手に法案を作り、それに国民のほとんどが拒絶反応を示している。これが政治家の愚行。

大きな団体や企業が金のために、偽善的なことをしている。これも愚行だが、気づいた人が少ないと「怪しい」と思われながらもずっと放置されているものだ。

金のために、大勢の人が困ることをやるのが本当の愚かな行為である。金のためではなく、自分の趣味のためにやることや疲れを取るために寝ていることは愚行ではない。

私も昨日、夜の二時から、お昼まで寝ていた。緊急地震速報にたたき起こされて、心臓神経症の発作を起こしたのだ。妻が、「寝ていていいよ」とメールをしてきた。どこにいたのか俺は……。

話を戻すと、**そんな趣味も、他人に大きな迷惑をかける場合は慎まないとだめだ。**

私の趣味は車の運転だが、七十歳になったら免許を返上するかも知れない。

車が大好きだから、七十歳になったら自分で検査を徹底的にやり、体力に問題があったら返上をする。ある知人が、免許の更新に行ったら、そこに老人も来ていて、視力が落ちていて検査になかなか受からないのに免許を受け取っていたそうだ。

それが国が行っている金のための愚行。

軽自動車を売りたいのだ。

その視力が悪い老人が車に乗って事故を起こし、それが児童の列に突っ込むことになったとしても、国は金のために見て見ぬふりだ。別項で、「見て見ぬふりが大事」と書いているが、これは夫婦間の話である。

余談だが、フェミニズムは、少女を守るためと叫び、ポルノを規制するが、児童を守るために別のことはしない。まさか少女は守るが、男の子が混ざっていたらどうでもいいのか。この矛盾は半永久的に提言していく。そう、**矛盾だらけの思想も愚かだ**。

愚かな行動とは大勢の人々に迷惑をかけること

あなたの疲れを癒す趣味は何か。

その趣味は他人に迷惑にならないか。

ならないなら、大いに楽しむべきだ。ただし、あなたが極端に疲労していたら、という話である。

趣味は熱中しすぎると、愛する人が白けてしまうほどの害悪、迷惑になる。私の車を買いすぎる趣味も妻に迷惑をかけたから、今は一台だけにしている（だけど、本当はもう一台欲しい……)。

これまで著書で再三、趣味をやめるように言ってきたのもそのためだが、若者は特に趣味に打ち込んではだめだ。四十歳も過ぎて疲れている男に、「野球ばかり見ていてはいけない」とは言いたくない。

昔、サラリーマンが日本の象徴だった時代は、仕事が終わると、妻がいる自宅に帰り、巨人の試合をテレビで見るのが定番だった。その時、ビールも飲んでいて、妻が必ず注ぐ。キリンのラガーだった。

その偉そうな夫を今の時代は否定してしまったのだが、それほど仕事をしない男たちが増えたのだから、それも当然と言える。

だが、疲れてしまった男は、妻にビールを注いでもらう権利がある。妻が主婦ならなおさらだが、私がこれを言うと、男尊女卑と言われてしまう。では主婦の右腕は、缶ビールを持つ腕力もないのだろうか。男のその姿勢が女を隷従させていると言うなら、女性兵士を生み出しているアメリカン・フェミニズムはどう説明してくれるのか。女も働け、という時代の現場で、重い荷物を女の子たちが運んでいるのは、男に隷従させられているのではなく、時代に隷従させられているのではないか。アメリカン・フェミニズムもそうだ。ビールを注ぐ姿勢が嫌なら、他のどんな男がする行為も嫌だろうから、男と結婚しなければいいのだ。

とにかく、愚かな行為、行動とは、大勢の人に迷惑をかけることにほぼ限定されている。またはそのような思想のことだが、一介の庶民に、何百人も動かす思想はない。何か特殊な思想がある頭の良い男が、女の子一人を洗脳したところで、それは愚行ではない。女の子の親が気にしてなければなおさらだが、それくらい男になると、女の子の親も洗脳する能力があり、予防線をはれる「財力」があるものだ。それに女の子の親が納得していれば罪ではない。

愚かな行動とは、大勢の人々を不快にさせること

さらに私得意の極論で分かりやすく言うと、殺人なら報道されると多くの人が不快感を示すから愚行である。

私の本が大ベストセラーになり、アマゾンだけではなく、テレビでも「不愉快な本」と言われたら愚かな本を書いたとなる。だがアマゾンだけだったらそうでない。あそこは狭い世界だからだ。投稿する人間が限られている。

人は完璧ではなく、誰でも他人を不愉快にさせてしまう行動をとってしまう。仕方なくという場合もあり、スポーツ選手の成績が下がるのはわざとではない。しかし、ファンを不愉快にさせる。

とても紳士で優秀な男が、トイレに行きたくなったが、近くにトイレがなくて、立小便をした。渋滞している高速道路ではたまに見かける姿だ。それは愚行だが、周囲も黙認していることで、仕方ないのだ。まさかそれをものすごい剣幕で叱る人もいないだろう。立小便を目撃する人も数人に過ぎない。

もし、大勢を納得させる愚かな行動があったとしたら、それは普遍的に許されていることか、国民が気づいていないだけなのだ。

前者はギャンブルがそれだろう。競馬は人気があるが、ギャンブルをすることは冷静に考えれば愚行だ。

国民が気づいていない愚行と言えば、企業主催のチャリティや大きな団体が寄付金を募る行為だろう。気づいている人もいっぱいいるが、ずっと行われているのにそれらの団体は潰れないから、愚行を放置されているとも言える。

それらはとても非難されるべき行動だが、そう、個人ならいいのだ。誰も巻き込まなければよいのである。**個人が部屋の中や公共サービスとは無縁の場所で、ちょっと愚かなことをすることを、逆に言うと、「愚かだ。悪いことだ」という権利は、実は誰にもない。**

愚かな遊びや趣味に興ずる特権がこちらにあるということだ。

「あんたには関係ないでしょ」

と。

今の情報化社会は、その愚かに遊んでいる行為を徹底的に「批判」することが安易にできるようになってしまった。

ストレス解消にちょっと悪いことをして遊べない

という時代だ。

違うだろうか。そのために、皆、疲れてしまっている。

そのような行為をフェイスブックに投稿してしまったら自爆ということだが、友人がネットに書いてしまうことが多い。

「あいつは昨日、元カノとセックスをした」

と。

「彼女は昨日、泥酔した」

と。

泥酔して、店で暴れたならいけないが、泥酔したまま、きちんと帰宅したなら、迷惑なのは家族くらいでしかいない。いや、家族はもう寝ていて、勝手に彼女も寝てしまったら、誰にも迷惑はかけていない。そればかりか、飲み屋は稼げて助かっていることになるし、酒税も払っている。酒を飲まない人よりも偉いという理屈だ。

しかし、現実は悪徳となってしまう時代だ。

拙作だが、『悪徳の成功法則』（宝島社）という本に、分かりやすく、本物の悪と悪ではない悪徳と偽善について語っているので参考に読んでもらいたい。本当に分かりやすく書いたので。

人に不快を与えなければ愚かなことをしてもいい

私は真の意味で、いや理由で、疲れている読者の味方だ。**疲れをとるために、大いに休んで遊んでほしい**。

その遊び方は、大勢の人に迷惑をかけないこと——

それに尽きる。とても簡単なことだ。

なぜなら、あなたは国家でもなければ、その配下にいる公僕でもなければ、巨悪な団体を経営しているわけでもない、一介の庶民にすぎない。

何十人、何百人に不快感を与える趣味など持っているはずもないわけだ。

2

人間の愚かさの定義

趣味のために動物を殺すという愚行

人間には狩猟という趣味がある。

私は、残虐極まりないこの趣味を持っている人間とだけは絶対に友人にはなれない。

田畑を荒らす動物を銃で撃つことは北海道では農作物の被害が深刻で、また、外来種が日本の自然を荒らすことからも駆除は必要だと思われる。しかし、それを

『趣味』としている者には吐き気を覚える。

ましてや、山奥まで熊や鹿を狩りに行くのは、「撃ち殺す」快楽に酔い痴れているだけだと断言したい。よく、間違えて人間を撃ち殺すが、緊張感がないのか腕がないのかまったく解せない。人間は賢いらしいから、動物を殺さない技術も持っているものだ。それが何かは言及しない。苦情がきそうだ。

ある国でなんの罪もない象を殺したニュースを見た。

私有地だったらしいが、そこの地主に大金を払い、狩猟の許可を得て草原にいる動物を射殺して遊んだそうだ。

その象を空腹だったから食べるのだろうか。それなら、鯨やイルカ漁と似ていて、議論の余地がまだあると思われる。

しかし、動物たちが、食べることがない敵でもない相手を殺すだろうか。

それを行うのは人間だけだ。

人間ほど残虐な生き物はいない

私は極度の人間嫌い、女嫌いだ。そう公言している。

人間の中には、男も含まれるから、女性差別主義者ではなく、人間差別主義者なのだ。

ナチス・ドイツからのでもいいから、人類の歴史を調べてもらえればいいだろう。これくらい、残虐、残忍、汚い生き物はいないのだ。それを忘却したいのか人権団体が出来上がり、寄付をしたり、甘やかしたり、女性を優遇したりするようになったのだが、実はそれらはすべて「金」に繋がっていて、120%良心で出来上がっているわけではない。恐らく、良心などほとんどないだろう。**利益のためなのだ。**

「女性の社会進出を」

と日本の政府が叫んで法整備しているのも金のため。彼らおじさんの政治家が女性を差別していることなど、何かの会議で必ずばれてしまう。女子大生愛人もいるだろうし、女の政治家は、男の秘書を顎《あご》で使っていて、男の運転手がいる。「女は男に隷従しないのだ」と笑っている。しかし、その様子は、男を隷従させていて、ひどく矛盾した思想となっているのは、フェミニズムが台頭してきた19世紀に哲学者たちが指摘していたことである。

それら残忍さ、狡猾《こうかつ》さに対して、ちょっとしたセクハラ、なんとかハラスメント、変態セックスなどはまだかわいいものだから、私はそれらを軽視しているとも言える。ただ断っておくが、命に関わることだけは、とても神経質である。だから軽自動車を批判している。

命は失うと戻ってこないのだ。

宗教的に、「天国がある」「輪廻転生《りんねてんしょう》」と言っても実感がない。

病死は仕方ないが、自殺、事故、殺人だけは避けて歩かないといけないと思っている。冒頭、罪のない動物を趣味で殺すのが人間の究極の悪と書いたが、絶滅した動物たちも永久に帰ってこない。ニホンオオカミが生まれ変わって、私の家の近所で見つかったら、考え方を変えてもいいが、ＳＦでもそんな陳腐な脚本は書けない。

人間は人間すら簡単に殺すことができる

本書は、「愚権論」である。

それは個人が自由に愚かなことをして遊んでよく、誰も「殺さない」ことを言うのだ。

動物を殺してはいけないし、カブトムシをいっぱい獲ってきて、世話もせずに殺してもいけない。

私は愛猫家だが、猫がその寿命の来るまでそれはそれは必死に世話をする。

死んだら、二度と生き返らない。

死んだら、その人は終わってしまう。

それを知らないのが、実は人間なのだ。

語弊があった。どうでもいいのだ。人間は他人が死んでもどうでもいいのだ。

戦争になると、平気で敵の頭を撃ち抜くが、戦争がない今のアメリカでは黒人が少し騒ぐと警察官は胸の真ん中を撃ち抜く。日本の刑事ドラマのように、手を狙って撃つようなキレイな様子は微塵《みじん》もなく、有無を言わさずに射殺する。気に入らないからだ。

その黒人が死んで、その黒人の人生が終わり、二度と生き返らないことなど、何も考慮しない。ただ。気に入らないから殺す。または趣味と言える。

趣味、生きものを殺すこと。

人間の究極の愚行だ。

映画に見る人間の殺戮の歴史

甘えている人たちは、人類の歴史を調べてみなさい。

本書では、映画『シンドラーのリスト』を観ていなかったと私が語っているが、他のナチスの映画は観ているし、ベトナムの映画、日本の戦争映画は観ている。

本を読むのが嫌いなら、せめて映画を観てほしい。美化されている部分もあるが、人があっさりと、まるで野菜を包丁で切るように殺されていくシーンが頻繁に出てくる。

人種差別の映画にも傑作がある。『遠い夜明け』。

戦場レイプなら、『カジュアリティーズ』。男がそんなに嫌いな女子は、『タワーリング・インフェルノ』を見るといい。セックス、ドラッグ当たり前でも技術が優秀な男を見たければ、『フライト』。美人が優遇されている現実を知りたいなら、『カサブランカ』。美しい女を男たちが助けるために奔走する。男の友情も白眉だ。

天才が嫉妬に殺される映画は『アマデウス』。日本でも嫉妬、僻《ひが》みが蔓延《まんえん》している、成功者の失敗を虎視眈々《こしたんたん》とネットで注視している。醜いものだ。

罪の軽重《けいちょう》が重視されないのは、『レ・ミゼラブル』。

セックスの現実を知りたいなら、フランソワ・オゾン監督作品を観るとか、女の芯の強さを知りたいなら、『メランコリア』。『サルトルとボーヴォワール　哲学と愛』を観れば、フェミニズムの歴史が分かる。

あなたの彼氏が甘えていたら、あなたの彼女がかわいいだけでなんのとりえもなかったら、神妙な面持ちと心構えをもってして、文芸大作や戦争映画を観るといいだろう。

それを、「そんなに暗い映画は嫌だ。ディズニーのアニメが好き」と言っている女が、彼氏、夫の体《てい》たらくを見逃しているのだ。

『わが息子よ、君はどう生きるか』（日本語訳版・三笠書房）という、世界で1100万部を売ったフィリップ・チェスターフィールドの名著がある。この中に「歴史を学ぶこと」と書かれている。

映画の話に戻すと、『シンドラーのリスト』を観た後に、『サルトルとボーヴォワール　哲学と愛』を観ると、方や戦争映画、方や恋愛映画なのに同じ時代の話だと分かる。フランスに、ナチス・ドイツ軍が進行してくるのだ。サルトルが『ユダヤ人』の名著を書いていることでもシンクロしていることが分かる。それだけでもとても知識になる。

人間は敵を作らずには生きていけない

話が少しばかり脱線したようだ。

無差別殺人を決行する人間の屁理屈は、「敵は社会」「敵は資本主義」である。IS（イスラム国）もそうだ。

それなら、自分で社会を改良すればよい。人間らしく言語を使って。

煙草と酒は社会改良主義者たちが改良中だ。

無差別殺人に対しては「おまえが死ねばいいじゃないか」と、皆、口々に言うが、敵は殺すが自分は殺さないのが戦争の常識であり、他人は殺して自分は死にたくない。

私は社会を改良するために生きている。他の作家もそうかも知れない。特に、評論家は世の中を良くしたいのだろう。不可能だが、やらないよりは充実感がある。

それを知らない男は甘えているし、楽に生きることに充実感を得ているなら、それを許している国家と家族、恋人が同じく異常者なのだ。

3 キャリアウーマンという愚行

福山雅治の結婚に見る女性の反応

「孤独死は怖くない」というキャッチコピーを書店で見かけた。それについて書かれた本が売れていた。内容はもっと複雑なのだろうが、孤独死は怖くないと言っても、実際に腐った遺体を見つけた人は怖いはずだ。孤独な人の大半はペットを飼っているから、ペットも死んでいるなど、悲惨さは計り知れない。

福山雅治さんが結婚をした時、日本中の女性が悲鳴を上げた。最初は微笑ましいと思って見ていたが、一日、二日経ったら、予想通り、フェミニストからの汚い言葉が聞こえ始めた。

「まあ、予想通りだな。時代は汚い女が席巻していて、それに同性の女たちは癒されて、孤独死を目指すわけだ」

と、失笑している。


•二十代の女と結婚していたら軽蔑するところだったが、相手が三十三歳という微妙な年齢なのがさすが福山。

•女性が主役の時代に、昭和臭漂う女と結婚して幻滅した。


正直、どこのブスが語っているのか知らないが、結局、彼女たちは、『結婚したい』わけだ。

それも都合よく結婚したいのは確定していて、過去の著作にも書いているが、

「わたしを自由にさせてくれて、家事は分担。だけどゴミはきちんと出してくれなくてはだめで、携帯チェックをさせないとだめで、共働きは当たり前。小遣いはわたしが管理します。風俗に行ったら離婚」という条件を提示しているのだ。なのに、それを言っている本人はブスでぽっちゃりで「ゴミをきちんと出せないバカ男はだめ」と言いつつ、料理の塩加減も分からないくらいなんのとりえもない女と相場が決まっている。

結婚したい。

働きながら輝きたい。

子育てや家事はしたくない。

ゴミは出したくない。

だけど、

福山雅治が結婚したなんてショック。

恐らく、こんな愚かな女は滅多にいないと思われる。

本書の中でもっとも愚かな話とも言えるが、異論はあるまい。

吹石一恵さんが昭和臭漂うというのは、もちろん、料理が上手で、福山さんの郷土料理も簡単に作れてしまうからだ。福山雅治さんの仕事をたて、スキャンダルにならないように行動していたところも、「男を支えている」イメージが強く、昭和臭ということだ。

では、

昭和の勝ちで決定と言える。

なぜキャリアウーマンは男に相手にされないのか

キャリアウーマンを目指して、アラサーになってからは世の中に文句しか言わず、料理も作れず、子育てはしたくないと言い張り、男の悪口ばかり言っていて、だけどイケメン俳優は大好き。

そんな女をどこの優秀な男が相手にするのか。

自立が大好きな女たちは負けた。

自立とは、社会性を身に付け、利発になることであり、わがままに自由気ままに生きることではない。

「会社勤めは自由気ままではないぞ」

と反論されそうだが、今日もお洒落なランチに行って、何もしていないでしょう。目指しているのは高級ホテルのアフタヌーンティであって、料理教室に通うことではない。

目指しているのは、ブランド物の鞄や洋服が似合う女であり、中身は空っぽのままだ。

猫に小判。豚に真珠とはよくいったもので、まさに、平成の女たちのやっていることはそれである。猫には愛嬌があるが、愛嬌をふりまくのは、「男に媚《こ》びている」と怒って、小判だけを持っている凶暴な猫に過ぎない。

「福山が二十代の女優と結婚していたら軽蔑していた」

というセリフも、仕事をしているうちに売れ残った女が、若い女の子たちに嫉妬し、若い女の子たちの結婚を阻止するために必死になっている様子を浮き彫りにしている。まさに、女の敵は女ということの証明である。真面目なアドバイスをするが、どんなにかわいい女の人も、結婚ができず、おばさんになっていくと、近所の嫌われ者になるものだ（愛人になっていたり、セックスに生きていたら別）。

どうあがいても険《けん》が出て、道を歩いていたら、自転車や子供の泣き声も睨《にら》み付けているものだ。それは、ヒステリーという病で、更年期障害を発症する年齢になれば、女は多かれ少なかれ、その症状が出てきてしまう。箸が転がっただけで笑っていた少女だったのが、物音がしただけで怒るおばさんになる。そのイライラを無くすためには、幸せな結婚をするしかないのに、それも『自立』が好きだからできない。

お疲れ様でした。

どうぞ、孤独死を目指し、イケメン俳優に恋をし続けてください。

その愚かな行為は、おおいに後世に受け継がれる。

ロボットが家事も子育てもしてくれる時代になった時、あなたたち平成の女はその先駆者として称えられるでしょう。

4

天罰ってなんだよ。

アマゾンレビューに流されるB層

別項で車と自転車のトラブルがあった話を書いたが、同じ日の夜、同じくらい不愉快なことがあった。詳細は言えないが、「アマゾンの評価であなたを判断する」という内容のメールが届いたのである。

アマゾンと言えば、作品を創っている人たちは皆、迷惑を被っていて、ある一般人の賢明な人が、「作者の人格攻撃をレビューとして載せていて、作品の感想になっていないレビューが散見される。それを見て買うか買わないかを判断する人もいる」と言っていた。別の知人も、「商品の欠陥をレビューするのはいいと思う。蓋が開かない製品を買ったとか、切れない包丁を買ったとか。本なら落丁があるとか誤字があることなどを指摘すればいいし、映画なら、ブルーレイなのに画質がよくないことを教えればいいのだ。なのに作者や出演者が嫌いだという話に終始していて、その延長に作品の評価をくだしている」と言っていた。

彼らのような賢明な人たちはアマゾンの評価を見て、作品を買わない。しかし、バカはアマゾンのレビューの星の数や汚い悪口を見て、「そうか。買うのをやめよう」と思う。周囲に流されるいわゆるB層という人たちだが、どうにもならないくらい頭が弱く、賢明な人たちを常に不愉快にさせ、自分たちは気楽に生きている。

天罰なんてない

前置きが長くなったが、トラブル（不愉快）二連発があった日の前日、私にはとても楽しい出来事があった。それは世間的には『悪徳』とされるか、または汚いことだった。大世間様は大衆指向と道徳以外は認めないから、常に変わったことにアンテナを向ける私のような人たちはとても軽蔑される。

私が前夜に行った楽しいこととは、AV業界の人たちとの飲み会だった。実はそのような予定ではなく、サプライズ的な様相を呈していて、AVの監督が来ることは知っていたが、その監督が、好意とのりで男優などをゾロゾロと連れてきたのだ。

「どこかで見たことがある顔がいるなあ」と笑ったものだ。

みんなでAVを観賞しながら、彼らが、「あ、友達が出ている」と勝手に談笑をはじめ、勝手に飲んでいる。糖尿病の男が酒を飲んでいたり、全裸になるデブがいたり、半裸の女の子が横に座っているのに、男たちはAVばかり見ていたり……、笑いのたえない飲み会だった。

その翌日、自転車のおばさんに「頭がおかしい」と罵《ののし》られ、パソコンを開けたら、前述の「アマゾンのレビューであなたを評価する」というメールが届いていた。

人はこのようなこと（サプライズの快楽）があった日の後日に、悪いことが起こ

ると、

天罰だ。神様から怒られたんだ。

と、殊勝《しゅしょう》になるものだ。

「正負の法則」とは三輪明宏さんの言葉だが、私は運の流れは信じない。医学語に出てくる「エビデンス」である。

もし、遊びすぎた後日に悪いことが起こるなら、今どきのサボってばかりの男たちは次々と交通事故に巻き込まれないといけないし、宝くじを当てた人はすぐに死亡するのが当たり前にならないと合点《がてん》がいかない。

しかし、実際には宝くじの高額当選者が犯罪に巻き込まれるのは、ごくたまにであり、年間数十人もいる高額当選者たちは裕福に暮らしている。彼らも人間だから寿命があり、七十歳で死んだら、「宝くじを当てたから死んだ」というのは無理がある。

目立ったことをやると不愉快な目に遭う

　私は前述のトラブルが続いたその日、「前日にＡＶ業界の監督からのサプライズを大いに楽しんだ罰だったのか」と、ふと考えたが、自分のその道徳観、宗教的な殊勝さを、「ばかばかしい」と一瞥《いちべつ》し、今、この原稿を書いている。

　そもそも、滅多にない楽しいことを満喫したら不幸なことが起こるなら、その逆もないと非常に不愉快だ。私の場合、ずっと体に異変が起こる持病を抱えている。今は咳《せき》が止まらないが、検査で異常がなく、酸素カプセルに入ったら一時改善している状態だ。ＡＶ業界の人たちが集まった飲み会も、１２０％楽しかったわけではなく、ずっと咳止めを飲んでいた。

　恐らく、咳が止まったら心臓が痛くなり、心臓の痛みが取れたら不眠症になり……とエンドレスに続いていくストレスの病である。それが少年時代からなのだから、もっともっと楽しいことがないと、幸運と不幸のバランスが悪いではないか。「正負の法則」の負が多すぎるという言い分だ。

「出る杭は打たれる」と似ているが、誰かが楽しいことをすると、それを抑え込もうとする「教え」が世の中には石ころのように転がっていて、主に『恥』という言い方で、遊んだ人を諭《さと》そうとする。

その説教をされる人間が、遊んでばかりで何も生産もしていなく、国の経済にも貢献していなかったら、それは叱られても仕方ない。

しかし、一生懸命働いている人が、特別に快楽の遊びに興じる機会に恵まれたら、逆にそれを神様からのプレゼントと思わないといけない。もっとも、大世間様は、（酒なら）大衆居酒屋で飲むくらいしか認めないものだ。

その神様からのプレゼントの翌日に、ちょっと不幸なことが起こっても、それも当たり前のことで、日本では犬も歩けばバカに当たるというくらい、少しでも目立った行動をすると不愉快なことに遭遇するものだ。公共マナーを守らないおじさんとおばさんが街を闊歩《かっぽ》しているし、若者はタメ口でやってくる。また、サービス業の教育もまるで出来ておらず、低価格になればなるほど、お客さんを蔑《ないがし》ろにしている。

私の地元にとても美味しいラーメン屋さんがある。私の中で、「頑固親父のラーメン屋」には入らないというポリシーがあり、同級生がそれをやっているから、その同級生の店にも行かなくなった。地元のその店は、テレビの音がうるさいのだ。厨房にいる店主が聞くためにボリュームを最大にしてある。客は耳を塞がないといけないほどだ。テレビが嫌いな私にこんな拷問はない。700円も支払って、なんという不運だろうか。しかし、私はそのことを食べログに書いたりはしない。テレビの音は、私だけの不快感かもしれず、ボリュームが最大だと思っているのも勘違いかも知れないからだ。

数日後に大型家電店に行ったら、女性店員に間違った製品を売られて、車で返品に行く二度手間の不運に見舞われた。「女性店員」と書いたことにより、女性差別と批判されると思うが、悪いことをしたら、ニュースでも「女」「男」と区別される。

しかも、若い男性店員が調べようとしたところに、「大丈夫だ」と割って入ったのが先輩のその若い女性店員だった。勉強不足と「ノリ」で商品を売っている典型的な事例だが、迷惑を被り、無駄な時間を使うのは客の方だ。客をネットに奪われても仕方ない部分もある。

それこそ、リッツ・カールトンくらいのレベルにならないとサービスの教育が徹底されているとは言えず、お金を払っていて不愉快になってしまう出来事の回避は不可能である。常に心の準備をしておかないといけない。

愚行は天からのご褒美

トラブルと不運が当たり前のこの国で、なのに自分を戒めるように、「前日、遊んでいたからだ」と天を仰ぐのが善い人に見えて、反省している様子に好感度がありそうだが、逆に弱々しくどこか偽善的にも見える。特に男なら、

ずっと豪快に遊んでいて欲しい。

その大世間様から見た愚行は、あなたへのご褒美《ほうび》ということだ。

体中に傷があり、疲れてしまったあなたには、神様からのご褒美を受け取る権利がある。

念のために言っておくが、私が快楽に恵まれるようになったのは、三十七歳くらいからだ。

意識的に、それを目指したのも仕事が成功した後である。

5

民主主義という愚行

法律で決まってなければ何をやってもいい？

私が息子に教えることは無数にあるが、「親父はうるさい」と思われると効果がなくなるから、大事な問題だけを語るようにしている。特に、「**国の半数以上は頭が悪い。おまえはそうなるな**」と言っている。

『頭が悪い』の定義だが、まずは**マナーを守らないこと**。

息子にはこう教えている。

「法律で決まっていてやってはいけないことは、普通の人間なら守る。それは逮捕されたくないからだ。刑務所に入りたくないのだ。しかし、法律で決まっていないことなら、それが他人の迷惑になってもおかまいなしにやる。公共マナーのことだ」

例えば、大衆レストランでバイトの女子高生を怒鳴ったところで、逮捕されるわけではないし、店からつまみ出されることもあまりない。幼い子供を「バカ、早く食え」と怒鳴っている母親もファミレスではよく見る。

最近は、土下座を強要したら逮捕されるようになったが、ほとんどの公共マナー違反は見逃される。それを察知している頭の悪い人間は、やりたい放題ということだ。また法律違反でも、見つかりにくい違法行為もやる。例えば、交通違反がそうだ。

運転中にトイレに困ってスピードを出してしまうのは仕方ないのだが、楽しむために必ず暴走している輩《やから》は多い。

息子には続けてこう教えている。

「そんな頭の悪い人間に、選挙権がある」

と。

民主主義は完全に失敗

「衆愚《しゅうぐ》政治」という言葉があるように、**民主主義は完全に失敗だ。**

繰り返し言う。大失敗だ。

どこの先進国も国民の半数が頭が悪い。半数とは控えめに言っている。日本では七割だと思うくらい、街は頭のおかしな、知性的ではない、そして冷静沈着な素振りも見せない人たちで埋め尽くされている。ネットには、「個人の趣味やプライベートに干渉することを仕事にしている」ように見えるくらい、有名人に批判中傷を繰り返し、本来の仕事の善行を重ねている様子はない。J・S・ミルの見解と正反対の愚行だ（『自由論』岩波文庫。173ページより）。

しかし、彼らにも選挙権があり、国や都道府県の首長を選ぶことが出来てしまう。

俗に、B層と呼ばれるが、なんら考える能力がなく、政治家のマイクパフォーマンスとマスメディアの情報操作に乗っかるだけの人間だ。

知っての通り、小泉政権が長期間続いたのも、B層のおかげだった。

一時、民主党が政権を取ったのもB層が活躍したからだ。あの圧勝劇を見れば、B層は八割を占めているとも言える。

安倍晋三は、選挙権を十八歳に引き下げた。

私は夏に、良い歳をしてサマーランドに行ってきたが、ロッカールームで十八歳くらいの若者たちが、約十分間の着替え中、「ガチ」「ヤベエ」「マジ」「勃起した」しか口にしていなく、私は、「早くここから立ち去りたい」と息苦しさで死にそうになった。その彼らに選挙権があるということだ。

ある職場のおばさんは、宇宙人が出てくる「世界びっくり映像」を信じていて、インドだろうか、龍が飛んでいる映像を観て、「インドはすごい国だ」と驚嘆していたらしい。私の家で息子がその類の番組を見ていたが、小学生ながら、「僕のビデオの方が鮮明に映っている」と笑っていた。そして、ある小人のような男たちが

岩から岩を飛んだシーンでは、

「あれなら、ファイト一発の人もできる」

と私がジョークを飛ばし、家族が爆笑したものだ。そう、私の家では、世界仰天映像を信じる人は一人もいない。また、「マジ」「ガチ」「ヤベエ」だけで会話が繋がるはずもなく、近所の蕎麦屋《そば》で、妻が息子を怒鳴ることもない。

しかし、私の家にある選挙権は一人一票だ。息子にはまだ選挙権がない。

私に10万票を寄越せといいたい。

選挙権はお金を稼ぐ人に与えよ

先日、ＡＴＭに預金を下ろしに行ったら、おばさんがずっと振り込みか何かをしている。郊外のＡＴＭなので機械は二台。うち、一台は「調整中」。郊外とはいえ、長い列ができてきている。なのにおばさんはおかまいなしに、操作を続けていて、途中、通帳をじっと見つめていたり、終わっても機械から離れず、鞄の中身の整理をしている様子である。「すみませんでした」も言わずに、「いっぱいやって疲れちゃった」と安堵《あんど》の表情を浮かべていた。この厚顔無恥《こうがんむち》とも言える無神経な女にも選挙権があるのだが、政治を考える能力は果たしてあるのだろうか。かつてB層を相手に民主党が打ち出した「高速道路無料化」に目を輝かせて投票したのではないか。

では、頭の良い人の定義を語ると、とても反感を買うのだが、**要するにお金を稼いでいる人たちのことだ**。

資本主義社会。

お金を必要としない国などなく、どの人もお金を欲する。得た金が多ければ多いほど、考え方を変えていくものだ。

アフリカやアマゾンの未開の村の人たちくらいだ。お金を見せてもぽかんとしているのは。

それくらいお金は大事で重要なのだから、**お金を持っていることをもっと評価するべきである**。

お金を稼ぐには高い能力が必要である。悔しいが詐欺師も頭が良い。

もちろん、お金がない人がすべてバカというわけではなく、まっとうに努力と善行を重ねている人もいる。それは再三言っているが、漁業を親の代から続けているような人たちだ。

選挙権はこれらの人間に与えるべきものである。

男の場合は、

- 年収が1000万円以上の人
- 年収が低い場合は勤続二十年以上の人
- 家業を引き継いだ人。または伝統的な仕事をしている人

もっと細かく設定しないといけないが、概《おおむ》ねこれで良いだろう。

しかし、これは夢物語だ。

政治家は、国の半数以上を占めるB層を相手に政治活動をしなければならず、今の日本では愚民が「女が働く時代だ」という思想に傾いたら、それを積極的に推進

する。「韓国と中国はしつこい。もう戦争をしてもいいぞ」と言うネット右翼が増えてきたら、それに同意するかのように中韓に強気に出る。

政治家はいつの時代も、愚民を相手に選挙をしている。だからこそ、宇宙人のびっくり映像を信じる人たちにも選挙権を与えるのである。

冷静に考えれば、そのような頭では小学生以下なのだが、選挙権があるのはおかしいではないか。中学生には選挙権はないのだから。

私が再三、「成人と呼ぶのは中学生からでよい」と、とんでもないことを言っているのはアイロニーに過ぎない。アイロニーに過ぎないと言っても、大人たちがこれくらい発達障害的に無能なら、大人びた子供に選挙権を与えてもそれほど失敗にはならない。

根本から、愚行にしてみればいいという案だ。

真実が見える。

偽善と甘えばかりの時代の真実が必ず見えてくる。

いったん、中学生から「成人」にすれば、最終的な結論は恐らく、「年収100

0万円以上に選挙権」となるだろう。まだ稼げない中学生と頭の悪い大人は同列だと分かり、そこから議論が始まるはずだ。そして中学生の中に、ずば抜けて頭の良い子がいて、大人よりも遥かに知性的だったとしたら、その「才能」に選挙権を与えるという流れになる。その才能とは、公共マナーを守ることだと分かる。知性的な非凡な人間が、ＡＴＭを独り占めにはしない。

愚かには愚かで対抗せよ

さて、愚民に疲れているあなたにアドバイスをしたい。日常の対策だ。

頭の悪い連中は、「ゆるい」ところが好きだ。

便利なところとも言える。

便利な機械があり、マナー違反にゆるい店があり、自分を堕落させ、放置してくれる、我儘《わがまま》、身勝手を許してくれる場所に群がっている。格安ゴルフ場が良い事例だ。コースに監視カメラがないのだから。

あなたたち知性的な人間は、そこに近づかないだけで疲れがとれるはずだ。

私のように、無人のATMに行くのが大馬鹿である。いつもは、駅前まで行くのだが、その日は雨だったから、地元の無人ATMで済ませようとしたのだ。銀行なら、監視カメラがあって警備員がいる大きな支店。レストランなら、蕎麦屋のような食い散らかせない店。車なら、煽《あお》られないように外車。あなたの運転の敵となる便利なものは軽自動車ということだ。もちろん、軽自動車に乗っている優れた人もいるだろう。それは田舎で農業を営んでいる人たちだと思われる。

ある意味、このように大衆や庶民から離れようとする、それほどお金持ちではない人間は、愚かとも言える。身の丈を考えれば、その愚民が住む町にとどまるべきだろう。

しかし、身の丈とは単純に財力のことを測りに考えていいのだろうか。

公共マナーを重んじ、日々ストレスに苛《さいな》まれている人たちは、「高貴」ではないか。

高貴な人は、お金がなくても立派だ。

立派なのに、愚民からのストレスで死んでいくのが愚かとも言える。

本書の寂しいテーマでもある。

そこの君だ。

政治家に絶望し、安い酒を飲み、街では人助けをしている君だ。

なんて愚かなんだ。

もっと、バカになりたまえ。

愚かには、愚かで対抗する。それが神格化も仏教の修行もできない人たちの、生きる術である。

6

麻薬同然のゲームという愚行

ゲームは子供にやらせてはいけない

子供がＤＳやスマホのゲームに夢中になり、廃人寸前という話をよく耳にする。学校に行かなくなり、部屋にこもってゲームをしている。カードゲーム、ＤＳなどのソフトを使ったゲーム、スマホのアプリを使ったゲーム。

ある少年を更生させる番組でも、カードゲームを使い、コミュニケーションを取っていた。ではゲームがなければどうだったか。ゲームが存在するから、人とのコミュニケーションが取れずに、生活が破たんしていくのではないか。
そもそも、これほどまでに中毒性、依存性があるモノを子供に与えて知らんぷりをしている世の中の偽善たるや失笑してしまうくらいだが、それが私の研究分野。笑っていないで続きを言いたい。

ＤＳやＰＳのようなゲームは、ポルノと同じくＲ指定をしないといけない。当たり前すぎて、どう書いたらいいのかも分からない。

ちょっとセックスシーンがある映画がＲ指定なのだが、依存性が高いゲームは当然、小中学生にやらせてはいけないのだ。だが、金のために大人たちはそれを黙殺する。黙殺している害悪は、世の中にたくさんある。すべては金のため。それによって子供が廃人同然になってもかまわなくて、「親の責任」と言ってはばからない。

若者は「大人の子供」

話は飛躍するが、今の若者は正直、『**大人の子供**』だ。

人と会話の仕方すら知らないのだ。礼儀も知らない。それはゲームばかりしていたからに他ならない。理由を探そうにも、他に原因が見つからない。

三十歳近くにもなる大の男が、深夜の二時に仕事のメールをスマホにしてきたり、フェイスブックにメッセージを送ってくる。くだらないことで、人を深夜にたたき起こすものだ。

友達でもない。彼女でもない。親でもない。ただの知り合いの赤の他人だ。または仕事の相手である。

まず、そんなことをして許されている時代が狂っているのだが、すると、「昔が厳しすぎた」と、まったく反省しない戯言《ざれごと》を言うから開いた口がふさがらない。

21世紀は、「便利」になっただけで、人は昔の方が優秀だった。

男は強く、知性的で、そして大人だった。冷静だった。よく働いた。

今はコスパ至上主義、合理主義、堕落指向……。

「楽に生きたい」「楽しくなりたい」「仕事はしたくない」と言っていられるのは、戦争がないからで、長生きしている親が守ってくれているからで、ニートになったらどこかの善人が更生させてくれる（かまってくれる）からで、努力をしたくないのは、

努力して負けるのが怖いから。


何もかもゲームの世界に悪影響を受けている。負けたらやり直しがきかない現実から逃げているのだ。ゲームなら初期化してしまえばいいからだ。

将棋の世界のように、ゲームとはいえ、礼儀が重要で、日本語も正しく覚えなければならず、所作も勉強しなければならないならともかく、DSを大人とやる前に正座をして、「よろしくお願いします」と下座《しもざ》に座る子供がいるか。いるはずがない。

それくらい年中、盆と正月が一緒にやってきたような生活を毎日送っている子供が、どうやったら大人になるか、と問われても、「不可能です」としか言えない。

まあ、「目が悪くなるからゲームはやーめた」という少年くらいにしか期待できない。

ちなみに私がそう。

今は視力は落ちたが、写真やゴルフをやりたくてゲームをすぐにやめた。当時は何が流行っていたのだろうか。友人たちは、毎日、ゲームをしていたものだ。

巨大企業と国が子供を廃人にしている

世の中はとても愚かだ。

人間は金のためにしか動かない。愛なんかほとんどないと思ってもらいたい。

そんな汚い世の中で、僅かな純粋、純愛、微笑み、幸せを見つけるのが、まともな人間の楽しみになっている。**まともな人間とは、「世の中は本当に汚いな。偽善**

だらけだ」と分かっている頭の良い人たちのことを言うのだ。ＩＱ50程度のババアは「まとも」ではないし、そんな些細な微笑ましい出来事を見つける能力もない。

今日、京王線に乗っていたら、真っ黒な盲導犬が乗っていた。種類は分からないが、「かわいいな。大人しくて偉いな」と、私は久しぶりに素直な笑みを零《こぼ》した。作り笑いではない笑みだ。「撫でたいな。抱きしめたいな」と。

ひょっとすると一か月に一回くらいしかない、人の優しさや美しさとの出会い。

動植物の純粋と美しさ。

皆、それを見たくて生きているのではないか。

皆、毎日が辛いではないか。

巨大な企業と国が金のために、あなたの子供を廃人にしている。

それが黙認されている。

まとまりのない話になった。

では、若者たちよ。これでも、この時代は優秀なのか。

7

ＪＫビジネスとコロラド州の大麻合法

セックスとドラッグは未成年のためになる

注・本文に書かれている女子高生の性に関する話は、彼女たちにセックスを促すことを目的に書いたものではありません。

日本で違法になっている行為で、本当は罪にはならないか重い罪ではなく、逆に本人のためになると思われる違法行為は、売春と少年少女のセックス。

大麻など比較的軽いドラッグ。

ぱっと浮かぶとこれらである。

他に、高速道路では軽自動車以外は速度を無制限にする、というのが浮かぶが長くなるので割愛したい。

先に大麻の話をすると、アメリカのコロラド州で大麻が合法化されて一年。良いことづくめらしい。

まず、未成年が大麻を吸うことがなくなった。価値が無くなったから、少年少女たちの関心が薄れたのだろう。

ちょっと世の中を知っている人なら分かる事だが、**人が欲しがるものでそれが違法になっていると、それを地下組織が売る**。ドラッグと、そうセックスなら、少女の価値（価格）を上げて売るわけだ。

少女ばかりが目立っているが、ゲイが増えてきて少年も価値が上がっている。

国で合法化すると、地下組織がそれらを売れなくなるから、単純な話、国がドラッグも売春のセックスも合法化すればいいだけの問題ということだ。
または、大人のディズニーランドのような巨大行楽地を大都市の近くに建設すればいいだけだ。

地下組織、または（日本では）暴力団が売買するのは、価値があるものである。価値があるとは希少なモノのこと。

それらが市場に溢れ回ったら価値がなくなり、売れなくなってしまう。よって例えば女子高生の価値を下げれば、彼女たちは性的な方法で稼ごうとしなくなるわけだ。

日本では、大人が女子高生とセックスをしてはいけないどころか、最近では水着の撮影やお散歩という商売も徹底的に規制し、主催者を逮捕している。

親御さんにしては大賛成の規制だが、縛られるのが嫌な思春期に自由（セックスは親から見えないから自由度が高い）を見つけると、興味を示してしまう。特に友人やボーイフレンドに恵まれない少女は、常に自由な行為に目をつけるものだ。それに価値があると知ったらもう止められない。価値がなければ、別の価値のあるものを探すかも知れないが、セックスの場合は、お金の価値がなくてもやりたいもので、女性の場合は、裸体を見せることに価値を考えるからである。孤独な少女もセックスは好きだ。また本能に起因しているから合意のセックスを止めるのが奇妙とも言える。

「女子高生は未成年だからだめなんだ」だって？　未成年が突然十二歳以下の法律になったら、その偽善的な浅はかな発言は消えていくものだ。十七歳十一か月三十一日までは恋愛のないセックスをしたらだめで、十八歳になった午前0時を1秒回ったところでAVデビューの契約をするが、それはどうなのか。そのたったの1秒で彼女たちは売春的な仕事も許される。その境界線に何が潜んでいるのか。

中学生からは大人として扱うべき

念のために言うが、**私は高校生を「子供」と思ったことがない**から、こういう持論になるという部分はある。

私自身が自分の「生きる道」を決めたのが中学生の時だったからである。

だから、中学生からは大人と同じ扱いにしてほしいと思ってやまない。

もしくは、「大人になったかどうかの試験」を中学生の時に行ってほしいものだ。

それにより、**未成年の概念がなくなったら、自己責任と親の責任ですべては動くようになる。その方が断然、世の中は淘汰されていき、安全になるはずだ。**

もちろん、悪徳を「ゼロ」にすることはできないが、自己責任で済ませられる程度の行動の規制を緩めた方が毎日のように起こる事件を減らすことはできるはずだ。

高速道路では安全性能と走行性能（パワー）に適合した車のみ速度無制限にすればよい。フロントガラスに貼ってある車検のシールをＥＴＣゲートで認識させることなんて簡単で、ＥＴＣゲートで極端に古い車と軽自動車を入れなくすれば事故は激減するはずだ。ベンツのＣクラスでも時速１５０㎞で走行していてもなんのストレスもないくらい安定して走行できるのに、速度違反で免停になっていてはストレスでドライブも楽しくないが、皆、それくらいは分かっていると思う。そこは極度に古い車や軽自動車で爆走している人たちが凶悪なので、そちら側を規制するべきなのだ。
何事も、物事を見極め、本当の悪徳を規制し、実は悪徳ではないことは規制するべきではないのである。

世の中は偽善だらけ

アウトバーンを楽に走るドイツ車で、高速道路を時速150㎞で走るのは悪徳ではないが、免停になってしまう。「この国では悪徳」というなら売っていることが矛盾している。

女子高生の援助交際などどうでもよく（私から見たら女子高生は子供じゃないから）、女子小学生がどこかの組織に売られていたら、そこが凶悪なのだからそこにミサイルをぶち込めばいいのだ。……というのは冗談にならないが、理屈としては、スピード違反も売春もゼロにはならないのだから、**凶悪な部分だけを徹底的に規制し、さして悪徳ではない、つまり自己責任で済ませられる部分は放置すればいい**のである。

「合意があれば大人と未成年のセックスも自由」

とすれば、女子高生の価値は著しく下がり、女子高生の商売は淘汰される。しかし、そうは絶対にならないから、お金がない女の子たちは、セックスで稼ぐという最終手段をポケットにしまっている状況になっているのだ。

親が貧乏なら尚更だ。貧乏な家庭の子供でも真面目に育ち、生活しているものだが、それは幸運だったとも言える。親だけではなく、友人にも恵まれたのだ。また、「セックスに興味がない奥手だと真面目」というのも偏見と言える。

話を戻すと、

規制を強化することによって地下組織が女子高生の価格を上げ、女子高生は自分の体に高い価値があると分かり、その商売に食いつく社会システムとも言える。昔はブルセラショップが大流行をして、女子高生がさかんに下着を売っていたものだ。新品よりも価格が高くても売れるのだ。それもその古くて汚いパンツの価値を下げればその商売はなくなるだけの問題という理屈だが、理屈と言うか、とても簡単な話だ。

パンツを売る程度で無事に済めば若気《わかげ》の至りでいいが、その店でビデオを撮影し、AV業界に流れた女の子も多かった。

地下組織、暴力団を放置することによって、彼女たちがお金を得ていることは皆、知らないのか黙認しているが、それを偽善と言うのだ。特に、女性がそうだ。若い女の子に敵意剥《む》き出しで、セックスの規制に大賛成するのだが、その結果、性犯罪が増えても知らん顔をしているのが大人の女の特徴。ひょっとしたら、知らん顔をしているのではなく、知らないのかも知れないが、もし世の中の仕組みを知らないなら、そんな頭の弱い女に選挙権があるのも奇妙と言える。

「おまえは若い女の子とセックスをしたいからそんな話をしているんだ」

と必ず叩かれるので事例を変えよう。

大麻を吸うと逮捕される。

だが、煙草と同様、ある程度のルールを作り、合法化したら逮捕される人はいなくなる。**当たり前だ。世の中は、逮捕する人を減らすことが目的ではなく、逮捕す**

る人を増やすことを目的としている政治的な思想、制度になっていることは皆さんも車のネズミ捕りを見ていて知っているだろう。それと大麻もセックスも同じと思っていただきたい。

なんでも自己責任にすれば真の悪者が逮捕されて、とても美しい国となる。

ところが反対派が巨大でそれができない。

とにかく偽善、偽善のオンパレードで世の中は回っていて、偽善とはとてもお金になるのだ。ある元アイドルが慈善活動をさかんにしながら豪邸に住んでいるが、それはアイドル時代のギャラで稼いだものだろうか、という話だ。そう信じたいものだ。

偽善的な行為によってモラリストが金を稼ぎ、未成年や疲れている人たちが犠牲になるのがお決まりの世界になっている。例えば、児童ポルノを規制すれば児童の価値が上がるから、その犯罪は増えるし、児童もその性的な商売に興味を示すのが当たり前なのに、それをするのがモラリストたちなのである。正直、(大人の)ブスともてない女たちが、アイドルのビキニのグラビアに激怒しているだけの、醜い嫉妬心から生まれた思想に過ぎない。「ビキニになるのは嫌だった」とカミングアウトするアイドルもいて、男の大人たちが叩かれるが、アイドルの歴史上、水着にならない仕事など皆無に等しいのに、そのアイドルは相当な我儘《わがまま》を口にしたと言える。ケーキが大好きでケーキ屋さんに勤めて、「イチゴが嫌いだからイチゴのショートケーキは売りたくなかった」とか、プロ野球選手を目指し、プロになったのに、「木製バットが許せない」と言っているような人間である。

売春行為は合法化

どこかの本に書いたが、東京オリンピックのために、歌舞伎町の風俗店を一掃するらしい。

それによってお金がなくて困っている若い女性たちが路頭に迷ってしまうが、それを国も東京都も知らん顔をしている。繰り返すがそれを偽善というのだ。偽善面した女なら、

「きちんと働けばいいんだ。わたしは普通の会社で働いている」

と怒ると思うが、彼女たちはきちんと働くことができないから、風俗にいるのだ。事務的な仕事がまっとうで風俗店で接客するのが不道徳というのも差別意識むき出しの感情である。それを察した人権団体アムネスティが総会を開き、「売春を合法化するべき」と賛成多数で可決した。

「そんな団体、怪しくて信じられない」

と思ったでしょう。アムネスティは世界最大の人権団体である。この可決に世界中がびっくりしたものだ。理由は前述したとおり、「地下組織とのイタチごっこ」「売春婦が差別、軽蔑されている」だった。

分かっている人たちは分かっている。別のところにも書いたが、あるハリウッド女優が「女性差別だ」と怒っていた。裕福に暮らしている大富豪が何を言うのか。借金を背負っている女の子の気持ちが分かるのか。

本当の自己責任とは何か

また、これもどこかの本に書いたが、

「わたしの体はわたしのもの」

という名言を知っているだろうか。フランスの売春婦たちの怒りだ。フランス政府が売春を禁止することを発表した時、「なんで国にわたしの体を規制されないといけないのか」と怒ったのである。反論の極論は、「そんな理屈を通したら、わたしが人を殴るのも殺すのもわたしの勝手」となってしまう。そう、まったくその通りで勝手でいいのだ。

「その凶悪犯罪だけを逮捕すればいいのである」

分かるだろうか。

人として絶対にやってはいけない行為がある。

それこそが真の愚行。

ぱっと思い浮かぶのは、殺人と詐欺だと思っている。後者は老人を騙す例の振り込め詐欺だ。

一方では、大した悪行ではないのに国や県が勝手に「やるな」と決め、法律で縛っている行為、行動がある。それらは実は愚かではなく、自己責任で行えば誰にも迷惑はかけないものだ。迷惑がかかったら、それは失敗しただけでのことで、誰にでも失敗はある。その失敗が命に関わったら、それはまた別の行為をしただけであって、それが絶対にやってはいけないことだ。

山奥でヌード撮影をしていたら、たまたま登山者に見つかって通報されたとして、それはただの失敗、または運が悪かっただけであり、悪行ではない。だが、隠蔽《いんぺい》のためにその登山者を殺したら失敗ではなく凶悪ということになる。

大麻の話で言うと、大麻を吸いすぎて死んだらそれは自己責任ということだし、吸いすぎないように販売すればいいのだろう。「買っては量を増やしていき、一気に吸って死んだらどうするのか」と、また反対派は言うのだろうが、それならビールを箱ごと買うのも一緒ではないか。ブランデーを一本、一気飲みをして死ぬ人間が年間どれくらいいるか分からないが、それらは仕方ない事とされているはずだ。

騒がれないのだから。

それを『自己責任』というのだが、**自己責任で良い行為と、自己責任ではだめで逮捕する行為が矛盾して混在しているのがこの世の中だ。**

なぜアメリカでは医療用大麻は合法なのか

コロラド州だけではなくアメリカでは、医療用の大麻は合法となっている。医師が処方してもかまわない法律だ。

つまり、大麻は用法を守れば安全に吸うことができる嗜好品《しこうひん》になりうる証拠で、お酒と一緒。

私の言いたいことは枝分かれしてしまっていてとりとめがないかも知れないが、主題を「価値」に置いたら分かりやすい。

お酒を違法にしたらどうなるか。ビールは、パチンコの景品交換所のような場所で一本数千円で売られるようになるだろう。ブランデーを入手するために、恋人の体を使うとか、あの手この手の悪事が横行してしまう。地下組織、暴力団が暗躍するし、素人もその商売に手を出すはずだ。

お酒と女子高生を置き換えればわかるだろう。女子高生と散歩をするくらい、つまり手をつなぐくらいは本当は無料の価値しかない。昭和に少女のヌード雑誌が平気で売られていた時代に、手をつなぐだけの商売が存在しただろうか。

少女のヌードの善悪についてここでは語らないが、今の時代はただ手をつなぐだけの行為に価値を持たせてしまった。手をつないだ散歩の後に付加価値もつけるのだろう。

むしろ女子高生の価値をどんどん高くしていっているではないか。手をつなぐだけで数万円なら、そう、セックスなら数十万円の価値となってしまう。意識的にそうしている世の中だと解釈したい。その結果、その商売が出来上がってしまい、逮捕者は増え、女子高生は補導される。補導を逃れても金銭を得て、それをくだらないことに使う。総じてブランド品を買うかカラオケで遊ぶのだろう。

だから女子高生を無価値にすれば、体を使おうとする彼女たちは労働するはずだ。

マックのバイトを頑張るかもしれないし、もし、セックスの売春をしてもそれに価値があまりなければ数をこなさないといけないから、労働することの意味も知るはずだ。疲れてしまってやめる確率の方が高く、女子高生を無価値にして売春的な行為をやめさせればいいではないか、と繰り返し、私は言っているのだ。

イメクラの売れない女の子は労働の厳しさを知っているから、良い会社に勤めて銀座でランチを楽しんでいるＯＬよりも目の奥に哀しみと知性を光らせている。少しばかり力のない蝋燭《ろうそく》の火の光だ。それを救いたいのが私だ。しっかりとした炎にしてあげて、二十五歳までには楽にさせたいという夢がある。私の体はひとつだから、本に書いて国を変えるしかないがね。

話を戻すと、若い体に一回数万円もの価値があったら楽に稼ぐ癖がついてしまう。『乱交の文化史』（作品社）という本にも、昔からある愚行として指摘されている。ある時代、十二歳から売春をしていて、簡単に稼げるから、女の子たちが男を逆レイプしているかの様子だった、と。

正直に言うと、ブスの女の子でも素人なら価値が高くなるから、援助交際で稼げる。

素人の女子高生、女子中学生がセックスを一回すれば数万円を手にできるが、価値が下がれば一回二千円くらいになるかも知れなく、援助交際はしなくなるかセックスを労働的に頑張るから働く意味を知り、お金の大切さも知る。もしかすると、セックスで稼いだお金を被災者に寄付するかも知れない。または若い女の子の、すべてのセックスが恋愛かそれに似た金銭の絡まない行為になることもありうる。百人の女の子全員はそうはならないが、**それは殺人者を0人にするのが不可能なのと一緒で、何から何まで0人にするために動くから、世の中は失敗者と犠牲者を増やしている**ことを皆さんは知っていると思う。

なお、セックスには妊娠と性病が付きまとうが、その話は別問題として複雑なので、ここでは言及は避けている。ご理解いただきたい。

人の過去の傷は国につけられたもの

前述のコロラド州の大麻合法化では、大麻の栽培ももちろんＯＫになったから、その企業が雇用を始め、たくさんの労働者が増えた。大麻と聞いただけで眉間《みけん》に皺《しわ》を入れ、「ありえない。バカな国だ」と佞姦《ねいかん》に笑った男たちをいっぱい見てきた。テレビでも見かける。

正直、彼らは疲れていない。

疲れていない人間はとても規制が好きだ。そして快楽的な行為を嫌悪して、善人面をしている。

今の日本の法律で快適に生きているのか、少年少女時代の傷もないかも知れない。もし、傷がいっぱいあったのなら私の勘違いだから謝罪をするが、私は傷だらけだから、快楽を欲しがる性質になっている。その快楽のほとんどは国に規制されているか、「自称真面目な僕たち」にバカにされるものだ。

人の過去の傷の大半は、国に付けられたものだ。

学校のイジメがなくならないのは大人のせい？

学校のイジメの問題にしても、非常に大事《おおごと》になっているはずなのに、少年少女たちに、「イジメで自殺をさせたら、国が許さんよ」とプレッシャーをかける様子がまだない。学校に警察官が巡回に来ればいいではないか。警察官が校舎の中をウロウロしていたら、学校内でのイジメはなくなる。

政治家も巨悪に様々な頼み事をされ、受けないといけないから動けないという悪循環に陥っている。

まず、大人の世界のイジメは『よし』となっている時点で子供たちが言うことを聞くはずもないのだ。ネットは芸能人の中傷をストーカー的に繰り返し、それを正当化し、商売にしている者たちもいっぱいいる。それを見た少年少女が、学校で、クラスメイトを中傷して何が悪いのかという単純な理屈が生まれてしまう。大人たちはそう少年から難詰《なんきつ》されると言い返す言葉を失うだろう。

少年法の年齢をもっと引き下げることも有効だが反対派がうるさい。躾《しつけ》のための暴力も違法になった。暴力がだめなら、イジメに加担した生徒を土下座させて髪の毛でも切ってしまえばいいが、それすらも犯罪になった。だから、凶悪な少年たちはやりたい放題だ。

私が中学生の時に、クラスにヤクザの父親を持った番長のような生徒がいた。授業中、女の子のお尻を触っても、大きな声を出しても、男の子を叩いても、黒板と反対側を向いていても教師は何も言わなかった。ところが、体育の教師が不良キャラで、「ケンカ上等」という男だったので、ヤクザの息子はその教師の授業を怖がっていた。その教師は彼に向ってチョークを投げ、靴で頭を殴り、クールな顔をして授業を続けていた。今の時代、それができない。もっとも、昔にもそれほど度胸のある男気と正義感がある教師が大勢いたわけではないが、21世紀は凶悪、卑怯な少年少女をどうすることもできなく、犠牲者は増える。違うか。綺麗ごとばかり言っている人たちは、少しは考えたらどうか。

私がもし若くて、教師になるとしたら、その前に空手などの格闘技を習い、イジメをやっている生徒に体で痛みを教え、それでクビになったらコロラド州かオランダに行く。そう、**正しいことをして責められたら、人は快楽に傾いてしまうのだ。**

その快楽が、万人受けする趣味の人は、「幸運」に過ぎない。

愚かになる権利

あなたがアメリカのコロラド州に観光に行きたくなった。景色も見たいが大麻も気楽に吸いたいとして、それはなぜか。

そう、疲れているのだ。

あなたが女子高生とお散歩デートをしたいとしよう。

あなたは疲れているか傷ついているのだ。

そして逮捕されるか、余計に疲れて死んでいく。

（それほど）悪くないのに。

もっと凶悪な奴や密《ひそ》かに悪事を働いている人間はごまんといるのに、女子高生と手をつないだだけで逮捕されて人生は終わる。

大麻の事例では現実味がない国だから、どうしても「女子高生」となってしまうが、アイドルが好きだと言っただけで叩かれる国だから分かりやすいと思われる。
その叩いている連中は、

とても楽しそうだ。

アイドルが好きだと公言した著名人、芸能人を叩く人たちはとても快活にネットに書き込みをしているだろう。暇潰しの娯楽に過ぎない。

「輿論《よろん》は常に私刑であり、私刑は又常に娯楽である」（芥川龍之介）

一方、世間に叩かれることを承知で、性的指向をカミングアウトする人たちは、総じて疲れているか過去に傷があるものだ。
「疲れているからって女子高生と散歩をしたり大麻を吸いに行ったりする奴はバ

カだ」

という声が壁から聞こえてきた。そう、それらは愚行である。

大衆が嫌うことは愚行なのだが、それは大衆の判断で、本当は愚行かどうかは分からないものだ。

大世間様の言うとおり、愚行だとして、

しかし、逮捕されるほどでもない。気楽な連中に叩かれるいわれもない。

愚かになることにも権利がある。

特権だ。

正義感が強く偽善者ではなく、懸命に労働した人。そして少年少女時代に傷がある人の特権だ。それを愚権と言う。

あなたの愚権を咎《とが》める人間は、きっと気楽に生きているのだ。

その人間とは縁を切り、マイノリティの仲間を見つけるかひっそりと楽しむ方法を考えるのだ。応援している。

8

マナーを守るという愚行

露出はマナー違反ではない

愚かな行為とは「バカ」になることだが、それは密室で行うべきだ。

または密室になりうる場所。例えば、山奥だろうか。

公共マナーは守らないといけない。

ただし、露出は私はＯＫだと思っている。私の性癖ではないから自分を擁護しているのではなく、露出……特に夏場に肌を晒《さら》している若者は男女問わずに多い。

境界線がなく、性器が見えたらだめ、女性は乳首が見えたらだめなのだろうか。お尻を半分くらい出している女性は多く、先日もショッピングモールで無名アイドルの女の子たちがステージに立ったら、ミニスカートの裾からお尻が半分見えた。「お尻は肛門が見えなければよい」なのだろうか。

露出も押しつけてはいけないが、車の中でちょっと脱いでいるくらいで通報する人がいるらしい。しかも覗きこんでくると相場が決まっている。

長くなるのは嫌だから私の苛立ちを早くにお教えするが、

『犯罪を探している連中がいて、彼らが捜しているその犯罪行為は実はそれほど悪徳ではないのである』

露出もそうだし、犯罪ではないが入れ墨もそうだ。

好き嫌いはともかく、入れ墨をしていたらまるで「日本から出ていけ」という風潮はますます強くなっていて、スポーツジムのロッカールームでタトゥーをしている人を見つけて通報し、その人を退会させた人が私の通っていたジムにいた。男の裸をジロジロ見ているのだが、気に入らない人だったから、「タトゥーはないか」

と探していたのだろう。

その類のマナー違反はけっこうあって、積極的ではなく、見つからないように消極的にやっているのに、善人面した連中が見つけ出すものだ。

ヒステリーという愚行

さて、先日マンションから車で出ようとしたら、道路を走っていた教習車が入れてくれず、マンションと道路の間の歩道で立ち往生になった。教習車は教官が乗っているのだから、マンションや脇道から出てきた車を入れるものだと判断した。しかし、入れてくれず、逆にスピードを上げたから驚いた。すると、自転車で歩道を走ってきたおじさんが激怒。私の車の前に立ちはだかり、「邪魔なんだよ」とか喚《わめ》いている。窓を開けたら、「なにやってんだ。バックしろよ」と罵倒《ばとう》してきた。私は、「バックは危険だ」と説明したし、内心、おまえが邪魔で余計に出られなかった、と非常に激怒した。なぜ、バックが危険かと言うと、マンションのエントランスには子供が多く、たまに親の手を離れて走ったりしているのだ。しかもその時は夕方でもう暗くて雨。「バックするのは危険だ。後ろを歩いている人もいた」と二回説明したら、通りかかったおばさんが、「あんた。頭がおかしいよ」と言うではないか。私はさすがに激高《げっこう》し、「おまえらいい加減にしろよ」と車から降りる素振りを見せた。すると、「そこに交番があるから警察に来い」とおじさんが言うから、いったん車を出し、おじさんが言う交番に行ったら、なんとそのおじさんがいないのだ。呆気《あっけ》にとられている警察官に説明をし、「ドライブレコーダーに撮ってある」と言っておいた。マンションに苦情が行くだろうから、住所なども聞いてもらい、私は腰が折れるくらい、警察官に謝っておいた。「くだらないことでお手数をおかけしました」とね。

話は、

どういう人間がバカなのか。

と脱線していくが、総じて『**短気**』。それは決定的なバカの特徴で、私は車庫から出ようとして何かのトラブルで出られない車に怒ったことなどない。車内でスマホを見ていたら怒るが、出ようと頑張っているなら、数分待ってもいいだろう。だが、私を罵倒した二人は30秒くらいでブチ切れているのだ。しかも私は出ようと頑張っていた。車はどんどん来て、出られない。バックは危険。最初に、私を出すのを邪魔した教習車が原因ではなく、私が下手だったとしても罵倒されるほどの時間、歩道に停まっていたのではない。

正直、自転車の六十代のおじさんは洋服もズボラ。おばさんも同様で口だけ番長みたいなヒステリータイプ。庶民という言葉は差別的だが、まさに庶民の意地悪ばあさんみたいな顔だった。

日本にはそんな人間がごまんといる。恐らく人口の半数以上だ。そのおばさんは、世界びっくり映像を信じているか、安保反対に興《きょう》じていたか、一日中テレビのワイドショーを見ていて、哲学書も読んだことがないだろう。短気な人間は本も読まない。

話を戻そう。どこまで戻せばいいのか分からないが、**皆、真面目に生きていても、このようなバカたちにストレスを与えられて、疲れるだけなのだ。**

高級ホテルの特別フロアに一年中いない限り、日本では平和ボケしたバカとしか遭遇しないと言っても過言ではない。

だから、**我々きちんと生きている人間は、孤高でいることを休み、少しはバカにならないといけないのだ**。

公共マナーを守りつつ。

特に子供に気を遣いながらだ。前述した露出にしても子供がいないならまったくかまわないと思っている。

ちなみに子供とは小学生以下のことである。

私のこの信念は編集者からは叱られるのだが、**体が大人になったら『大人』という見解は譲らない**。なぜかって。人を殺しているし、セックスもしているからだ。

当たり前でしょう。

少年犯罪の殺人は中学生からだ。処女喪失も中学生からだ。

バカにならなければバカに殺される時代

私の車はドイツ車だが、そのおじさんは私の乗る高級車に食って掛かった。

少しは改造しないとだめなのかとがっかりしたが、友人が、「そのおじさんはバカだから、里中さんの車の種類も知らないと思う」と慰めてくれた。続けて、「レクサスのＩＳに乗っている人にも、あまりケンカは吹っかけたくない。ちょっとしたお金持ちは怖いもんだが、バカはそれが分からないものだ」と呆れていた。

実は私は車のクラクションを滅多にならさない男だ。

妻が、「二十年で三回も聞いてない」と笑っていた。

それを止めることにした。

マンションから出る時は、ずっと鳴らしまくる。何しろ、「出庫注意」のライトが回っているのに、自転車は縦横無尽に歩道を横切るのだ。

車と自転車の共存が無理なのに、それを徹底して法整備しないのもおかしい。

昔、ある芸人が、「ヤクザに見える人形を助手席に置く」というジョークを言っていたが、そういうのもありかと思う。

バカにならなければ、バカに殺される時代だ。

大問題なのだ。

バカを怒ったら、そのバカは警察に通報する。殴れないバカに土下座をさせたら逮捕だ。

通りかかって、「あんたは頭がおかしい」と私に言った女のおばさんは名誉棄損罪だが、どうすることもできない。

「車の後ろに人がいるからバックができない」と言っている私の頭がおかしいと言ったその女を殴れないストレスは半端ない。

ただ、そこまで頭の悪い人種に対する怒りは一瞬だろう。三日くらい辛抱すれば忘れてくる。

それでも、また同じ目に遭うのが我々常識的な知性派で、対策は常に用意していないといけない。車にドライブレコーダーをつけてあるのもそのためだ。前後左右を撮影できるようにしたいものだ。

9

自分の価値が分からないという愚かさ

なぜお金持ちは女に親切なのか

自分の価値や才能、能力がまるで分かっていない人間は多い。

本書は、『疲れている人たちの味方』だが、そのように自分を冷静に自己分析が出来ない人間はとても気楽に生きている。

あまり美人じゃない女が、お金持ちから、「この日にペニンシュラのスパに行ってきていいよ。予約をしておこう」と言われたとしよう。価格にして五万円くらいのコースだ。

彼女は有頂天《うちょうてん》。

「わたしはお金持ちに好かれるほどの美人」

とまでは思わないかも知れないが、自分はペニンシュラの高級スパをプレゼントされるだけの女なんだとはしゃぐものだ。それまでは、「お金持ちは悪党」と、なんの知識もなく嘯《うそぶ》いていたのに、態度も一変。「お金持ちは紳士な人だ」となるかも知れない。

しかし、その女は自分の価値を冷静に分析ができていない上に、世の中を知らない。

それはお金持ちの税金対策なのだ。

または『価値の高い女性』にスパを予約した日に彼女がキャンセル。適当に知り合いの女性にプレゼントしたとも言える。分かりやすく言うと、先日、ゴルフ観戦に行ったら、駐車場で知らない男が近寄ってきて、

「当日券ですか。この前売り券余ったからあげるよ」

なんと前売り入場券をくれたのだ。申し訳ないから、２５００円のうち２０００円を渡したが、彼は一緒に来る予定だった友人がキャンセルになり、チケットを捨てるのがもったいないからと、私にくれたのである。

価格が安いモノだとそれは明確に分かる。

ところが、価格が跳ね上がると分析ができなくなるのが頭の悪い人の特徴で、その時にプレゼントを受けた側が、なぜか自分に価値があると勘違いをする。

特に女性に多いが、女性読者の人たちは怒らないで読んでもらいたい。

後で傷つかないように、私がお教えしているのである。

お金持ちはお金を税金対策に使うんだ。分かるか。

国に持っていかれるくらいなら、誰か困っている人や友人知人に使う。

極度の愛国者でなければ、ほとんどのお金持ちがそう考えるし、愛国者だったとしても、お金持ちになると、すでに五公五民を超えていて、その税金の多さにストレスが爆発しているから、いくら日本が好きでも「いい加減にしてほしい」と節税対策に必死なのだ。高級スパならば、「接待の経費」という落とし方も可能だ。お金持ちが仕事関係の知人をゴルフ接待すれば、すべて経費であろう。

自己分析することの大切さ

では、お金持ちや俳優のようなイケメン、優秀な男が、さして美人ではない、おっぱいも小さいあなたに高いモノをプレゼントしたり、高級レストランに誘った場合、どうすればいいのだろうか。

まずは有頂天にならず、「わたしはブスだし、スタイルも悪い。どうしてこんなことをしてくれるのか」と率直に訊くべきだ。あるいは「どうせ金持ちの道楽。一回、楽しませてもらおう」と気楽になるべきで、お金持ちの男も、「一回高級レストランを奢《おご》ったからセックスをさせてほしい」とは言わないものだ。それをするなら雑誌モデルの美女にするだろう。その場合、ワインもブルゴーニュの逸品。

しかし、そのお誘いが二度、三度と続いたら、それは「恋」をされたと思っても問題はない。

先程から「ブス」という俗語を使っているが、実際は動物のような顔をした女性など滅多におらず、皆、それなりに見れるルックスだ。また、おっぱいの大きさを指摘する拙《つたな》い一文も書いたが、実は私はA～Cカップまでの女性が大好きなのだ。だから、そのお金持ちの彼は何かのフェチかも知れず、さして美人ではないあなたに惚れたのかも知れない。

私が三十七歳くらいの頃。

ある女の子と出会った。

自称ブス。ボーイッシュで色気がなく、髪型は男の子みたいな超ショート。おっぱいも小さい。いわゆる天然の女の子で最初はそれを否定していたが、私がキレキレであまりにも鋭く突っ込んで行くので、「わたしはバカ」と認めた。ブスでバカでおっぱいは小さめ。しかし、当時の私は短髪の女の子が好きだったのだ。具体的に言うと、広末涼子さんや最近では能年玲奈さんだろうか。

そして「わたしはブス」と泣いていたが歯並びが悪いだけだったから、矯正代金をすぐに渡した。若い女の子が住むには危険な古いアパートに住んでいたから、マンションを借りて、私が家賃を払った。だが、ここからが重要な話になる。彼女はそれに対して、「わたしには高い価値があるんだ。美人だったんだ」とは絶対に自惚《うぬぼ》れない女の子だった。

謙虚ということだ。

夏の富士山周辺をドライブして帰宅したら、「富士山はどこにあったのか」と聞いた女だ。とてもバカだが、実はバカではなく、冷静に自己分析ができるのだ。

自己分析ができるその彼女に大きな価値があると私は思った。

成功できない男はなぜ成功できないのか

男の場合は、**能力**、**才能**だ。

まったく才能がないのに、成功にしがみついている。その結果、愚痴を零《こぼ》すか無理難題を他人に押し付け、愚行を繰り返す。再々言うように、その愚行が室内のものならいいのだが、ツイッターに呟《つぶや》くものだし、家族や友人も巻き込むものだ。

「俺は金持ちになる。成功する」

と喚《わめ》いても所詮は頭が悪い。誰からも評価されていないし、行動力もなければ努力も怠っている。

一部の合理的な手法で成功している男たちを除けば、ほとんどの成功者は四六時中働いているが、「成功したい」とネットに書いている若い男は、夏休みもたっぷりと取ることで相場が決まっている。飲み会三昧《ざんまい》だし、仲間と打ち合わせばかりしているものだ。その結果、一向に成功する兆しはないのに、「成功」「成功」とオウムのように喋り続ける。フェイスブックでそれを何年も言っている男はごまんといる。

では、いつになったら成功するのか。

成功できないのは、自分はバカだと分析できないからなのだ。もしくは分かっているがそのことを認められないのだろう。

私は自信家のように見られるが、とても冷静に自分を分析して生きてきた。

自分よりも頭の良い人は畏敬《いけい》、畏怖《いふ》するし、自分が持病があり限界があるのをよく知っている。「小説を書けないのか。文学賞がとれないくせに。三流野郎」と、うるさいが、正直書く体力がない。家族を養い、ちょっとお金のない親友のような女性を援助し、さらに多額の税金を払っている。いったん今の本を書くのをやめて、小説家に転身は難しい。

先日女子大生二人と飲む機会があった。医療関係の男に招待された食事だ。そこで、タレントでアスリートの武井壮氏の話が出た。私が彼とゴルフや食事をしたことがあるのは、皆知っているから、酒の席では私が口にしなくても話題に出されてしまう。私は武井壮くんのことでこんな話をした。

「俺が出会った男の中ではトップ3に入る天才。俺よりもずっと頭がいいやつ。しかも彼はショートスリーパー。寝ていない時間に勉強もできるから、人の数倍は時間の得をしている。つまり、俺が七時間寝ている間に彼は読書もできるんだ。すべての面で太刀打ちできない」

この話は、私自身が自分の能力に限界があることを自己分析をし、謙虚になっている証しと言えるが違うだろうか。

成功したかったら成功者に学べ

優秀な男は、自分の価値を分かっていない人間をとても嫌う。

男を縛るばかりの女の子が結婚。勝ち組を誇ってとても威張るが、それも弱体化している今どきの男に都合よく利用された結婚だと分析ができないからオメデタイものだ。

男の場合は再三言うが、頭が悪く結果も出させないのに、「成功」にしがみつく者が迷惑だ。密室で、もやもやしながら「成功したい」と念仏を唱えるように愚痴っていたら問題はないが、今の時代はネットにそれを書き込む。

では、どうすれば改善できるのか。

はっきりと言ってくれる成功者に教えを乞うといいだろう。その教えを理解できるかどうかというと恐らくできないが、もし理解できたら**謙虚に生きることに徹し**

ていたら、良いことがある。

「わたしブス。だから頑張る」

「俺はバカ。だから謙虚にしている」

そんな信念を作ればいいのだ。

それを見た成功者が助けてくれるものだ。

人と人とは助け合いなのだが、助けてもらえない人は、謙虚ではなく自惚れている。そしてサボっていることで決定している。また身なりが汚いとか、そう、とにかく一生、不幸な人生を歩んでいる人は男女問わず、「努力不足」なのだ。

「努力不要」という頭のおかしな自己啓発に触発されて、能天気に生きていたら、五十歳で無知の自分に絶望することだろう。

人は誰でもどん底から這い上がれるものだ。

その時、君をエスカレーターが高い場所まで運んでくるのか。まさかそんなに楽に成功できる世界があるはずもなく、階段を自分の足で一段ずつ登らないといけないのである。

と言うと、今の時代の男女は本書をブックオフに売りに行くのだろう。

10

オスカー・シンドラーに学ぶ快楽と結果

シンドラーは偉人ではなかった

スピルバーグの傑作映画『シンドラーのリスト』を観たことがある人はいるでしょう。

主人公の実在した人物、オスカー・シンドラーは、多くのユダヤ人をナチス・ドイツから救ったことで歴史に名を残したが、もともとは「反ナチス」でもなければ、「ユダヤ人を救う」などのイデオロギーはなく、ただの快楽主義者だった。

ようは、お金を稼ぎ、事業を成功させるために奔走していたのだ。女も好きでプレイボーイ。ユダヤ人の女性にキスをしたことで牢屋に一時、閉じ込められた。多くのユダヤ人の命を救ったといっても、賄賂を使ってのもの。

ＤＶＤの特典映像に、シンドラーに命を救われた当時の生き証人たちが登場するが、「彼は賄賂を使い、闇取引をして我々を救った」と語っている。それでも正義の英雄である。

私はそのことに感銘するが、平和なこの日本でも、どこかのお金持ちが、弱者を救うために金をばらまいていることもある。しかし、ばれれば、その男は罰せられるか、法に触れていなかったら大衆からリンチの社会的制裁を受ける。

大世間様は快楽主義に行動している人を軽蔑する。

ならば、映画『シンドラーのリスト』における前半のオスカー・シンドラーも軽蔑してほしいものだ。女と揉めているセックスシーンも出てくる。しかし、結果が良ければ水に流すのではないか。

映画の中でユダヤ人を無意味に殺すナチスの収容所所長アーモン・ゲートに対す

るシンドラーの説教も、「人殺しはいけない」という『道徳的なお話』ではなく、力がある強い人間は弱者を許すことが力だという話だったが、ユダヤ人を守るための説法ではなく、「権力者持論」を展開していた。自分がそうだと言いたいのかも知れない。**権力は、同じく力のある奴や部下に行使するもので、その辺にいるなんの力もない弱者を相手に使っても、「それは力ではない」とは的を得ている。**

自分が楽しんだ結果、周囲も楽しくなるが理想

私は過去の著作で、**「自分が快楽を楽しんで、その結果、周囲が楽しくなればよい。それが女性なら幸せになればよい」**と書いてきたが、これはオスカー・シンドラーの影響ではない。実はこの映画は最近まで観ていなかったからだ。アンチ、スピルバーグだったので。

本書を書くにあたり観賞し、「なんだ、俺と似ている男がいたもんだ」と笑った。

私は、まずは自分が「楽しい！」と思うことを模索する。

お金を稼ぐことにしても、ちょっと食事に行くにしてもそうだ。
自分が苦しんで、他人を楽しませようとする奉仕活動はしない。執筆は苦しいが、お金になるなら、それは私の快楽となり、そのお金で家族が喜べば万事うまくいく。違うか。

俺が楽しければなんでもいいんだ。分かるか。あんたは、それに付いてこいよ。

という態度だ。もちろん、

嫌ならいいんだ。そりが合わないだけだ。さっさと消えてくれよ。

そうして曖昧な友情を切り捨ててきた。
なぜ、楽しんでいることを批判する「友達」とやらと付き合わないといけないのだろうか。

例えば、私の息子は沖縄の美しい海に感動しているようだ。西表島《いりおもてじま》に行った後、水泳教室にずっと通っている。海が好きなその趣味は父親である私の趣味だ。それに付いてくるなら、私は沖縄に行く金を彼に与え、一緒に行くだろう。だが、「僕は海は嫌いだ」と言えば私が行く時に連れていかないし、代わりに沖縄旅行相当の金を彼に渡すつもりはない。百歩譲って、母親と山に行きたいと言ったら、彼の母親は私の妻なのだからお金は妻に渡し、彼にも小遣いを渡す。だが、「自分探しの旅に発展途上国に行きたい」と言い出したらどうか。それはあきらかに、自分だけの快楽。他者が援助する必要はない。

ところが、そんな自分とは関係ない「遊び」に行く人に、金を与える人間がいるもので、彼らは快楽主義とは程遠い性質をしている。

安い報酬でニートや鬱病患者を更生させようと命をかけている男がいたとして、裏で大金をせしめていたり、女を譲ってもらっている話はあまりないだろう。大変、素晴らしい仕事だが、無職を五年、十年と続けている人間を頑張って説教している時間の無駄をどう解釈すればいいのか私には分からない。

さっさと労役に処する方が合理的で、本人もすぐに更生するはずだが、道徳的な人間はそれを「横暴」と言い、じっくりと時間をかけることを励行する。

しかし、相手によっては、素早く合理的に、そして厳しくしないといけないのではないか。

つまり、快楽主義者とは他者に冷たく出来る器量があり、甘えを許さない性質なのだ。それができる男が日本から減ったから、甘えた男女が増殖してしまった。ボランティアなど、大自然災害の直後だけでよい。住むことが困難になった故郷に無理に帰って、「生活できない」と泣いている人間を助ける必要がどこにあるのか。街には職がいっぱいある。

ナチス・ドイツ時代のユダヤ人には、職すらもなく、ただ、殺されていくだけだった。それならば分かる。シンドラーのような男だらけになればいいのだ。

しかし、私は見込みのある奴には教えてきた。偉そうだが、ユダヤ人を遊ぶように殺していたゲートに説教したシンドラーと一緒だ（ゲートに見込みがあるとは思わないが、彼は将校だった）。

見込みがある奴とは、同じく快楽主義者である。善い人に見込みなどない。善人は、善人としてすでに自立しているか、器用に生きることができるものだ。

ロクデナシこそが歴史に名を残す

善人という世間が喝采する肩書をもってして、社会人として成立して成功している。

その男や女に、私が教えることなどなく、付き合うこともない。

シンドラーは、終戦後に離婚、事業も失敗し、そのまま亡くなったそうだ。

ユダヤ人を救ったこと以外はロクデナシだったかも知れない。

しかし、そんなロクデナシが日本にもいっぱいいる。

彼らは、金や権力で、一人の女の子を売春で救ったり、「何かに利用できそうな人間」を裏工作を使い、助けたら罰せられる。

人の命は地球よりも重い。

と世間は言いながら、そのやり方には注文があるようだ。

余談だが、サルトルの愛人で有名なボーヴォワールに、彼が「僕は作家だから君以外との自由恋愛が必要だ」と説いていたらしい。

ボーヴォワールもフェミニズム先駆者の頭のおかしな女だから、話が合ったのかも知れないが、今の時代の日本で、「僕は作家だから、他の女とも恋愛をする」と威張って言ったら、その作家の本は売れなくなるか、童貞のような男たちから糾弾されることだろう。サルトルには三十四歳年下の愛人もいたが、年下の若い女性と結婚すればその著名人は潰される。

しかし、サルトルはシンドラーと同じく、歴史に名を残している。偉大な男として。

11

英雄映画における女性の考察

最近のSF映画に見るフェミニズム

主にハリウッドのアクション映画とSF大作では、男の英雄が大活躍をし、その周囲で、女たちが泣いたり、悲鳴を上げたり、そして総じて足を引っ張っている。このことに対して、「演出が女性差別に他ならない」と怒っている人たちは多い。

「最後に地球を救うのはなぜ男なんだ」

怒る女たち。そして男のフェミニストたち。

叶わない世界を夢見て、それを現実にしようと躍起《やっき》になることを「ワガママ」という。駄々っ子ともいう。

女性が筋骨隆々で、生理もなく、常に体調が良ければ、宇宙人との戦いもできるかも知れない。実際は、宇宙人の容姿を見ただけで発狂する女性も多いだろう。男にもいるだろうが、私の場合、目の前に白い着物を着た幽霊が現れたことがあるが、なんとも思わなかった。

「なぜ、女をバカにした演出に終始するのか。映画は男尊女卑の温床になっている」

これは先入観にすぎない。彼らは「その映画を探しているのだ」。

例えば、トム・クルーズ主演の『ミッション：インポッシブル』だったら、トム・クルーズの相手役のヒロインは大活躍をする。一般人の奥さんがトム演じるイーサン・ハントを助けるシーンまであるが、それはどうだ。客観的に見て、格闘技も未経験の素人の女の子が、拳銃を撃ち、敵を次々と倒せる力などないから、それこそ演出過剰と言える。しかし、トム・クルーズは女性をたてているのだろう。

また、日本でも最近のウルトラマンは、女性隊員が宇宙人と素手で闘うシーンが多い。宇宙人がそんなに弱いはずはなく滑稽《こっけい》なのだが、「女が強い時代」を演出しないといけないのだろうか。もっとも、ウルトラマンに変身するのは今でも男と決まっている。

サルトルは、「**女性を哲学的に考えたものなどいない**」と言っている。

つまり、「単純」な生き物という意味だろう。それが女性差別なのかどうかは、サルトルの内縁妻が決めていたものだ。サルトルの内縁妻は、フリーセックスの立役者のフェミニズムの先駆者だが、サルトルにそう言われても、「当たり前よ」というニュアンスですましていたものだ。彼女は、「男の召使にはならない」と言い切り、結婚しなかった女だ。

「対価」という言葉を知らない女たち

話を少しばかり俗っぽくする。ある掲示板で、「夫がわたしを昭和初期の女のように扱う。家事をすべてやらせて命令をする」と怒っていた。しかしその妻は主婦であった。また、パートの女性も同意していた。一方の夫は残業を含め、労働時間が相当長い。

彼女たちは「対価」という言葉を知らないのだ。

単純に言うと、夫が九時間働いて来たら、妻も九時間働かないといけないのだ。平等ならば。しかも、夫は妻に給料も渡している。それなりに、働いてもらわないとわりがあわないという理屈は十分すぎるほど通用する。

しかし、優しい男は、女性に八時間の労働を強いたりはしない。

そのこともバカな女たちは分かっていない。

「女に労働させるのはかわいそうだ」と無意識に思う男は、その代わりに、「偉そうにする」ものだ。玄関まで出てこさせて鞄を持たせたり、新聞を取らせたり、そう数分、数十秒、隷従させる。それに怒る女は、逆にサボっている女と相場が決まっていて、テレビのワイドショーばかり見ているものだ。哲学的に考察する必要もないほど自分の「楽」しか求めていないわけである。五十歳にもなった主婦で、夫の悪口を言っている場合、大半がそうだ。

それに対して四十歳から五十歳の男は働き盛りで、会社では管理職にもなっている。妻にもそれなりに、「リスペクト」してもらわないと寂しいものだが、よくある悲劇は、その歳になった夫は肉体が醜くなっていて、「臭いから近寄らないで」と妻や娘に言われてしまうものだ。それで若い女と浮気をする（本気）のだが、大世間様はそのような事情を知らない。

「おまえの主観だ」

と壁から聞こえてきたが、取材による結論だ。

男と女は平等でなくていい

映画の話に戻すと、実は恋愛映画では、女性が男性をきちんとリードしていたり、冷静に語っているものだ。男のセックスをたしなめるシーンも多い。アクションものでは宇宙人や敵国のスパイと戦う必要があるはずもなく、演出として足を引っ張っていてもいいではないか。しかも、凶悪なのは男の方で、英雄と戦う悪人たちは残忍で無差別に人を殺す。「なんて男は人殺しが好きなんだ」という男性差別とはならない。それは男対男の物語だからだと反論されると思うが、脚本家が女性だったらどうだ？

私が映画の問題で何が言いたいのか分かるだろうか。

娯楽映画で深く考える必要などないのだ。疲れてしまう。

愚かに、「女はなんて足手まといなんだ」と笑っていればいいだけで、自分の彼女がその一面を見せたところで、世界滅亡の危機にはならない。

皆、考えすぎだ。

男と女に平等、対等などほとんどない。

それが現実であり、認めないとストレスになる。一方が月収五十万円、もう一方が八万円のパートだったとしよう。後者は女性だ。

そこに対等があるとすれば、それは愛かも知れないが、愛があっても、八万円の身でサボっていたら大変、得をしていることになる。自分の娘でもない妻や彼女をそこまで甘やかす男は滅多にいなく、「彼と別れた」と言っているバイトの女の子など、働いていないのに、道路工事のバイトで帰ってきた彼氏の家事とセックスの世話もしていないものだ。その彼氏が風俗に行った時に、「あ、あいつは女として失格だな」と分かる。女の子たちはそれを恐れているから、風俗に行くのを許さないということもあるのだ。風俗嬢の方がセックスが上手だし、熱心だから、自分がそれをしないことに危機感があるのである。風俗ではなくても、料理教室の前を通れば、「俺の彼女はダメだな」と悟る。とても寂しい心境である。

それを察したとしても危機感があってもやらない。女性が男のセックスや身の回りの世話をする時代じゃないと思っているからだ。それでもいいのだ。だから、その代わりに男と同じくらい労働して、敵国のスパイも倒せばいいわけだ。しかし、現実にはそれは難しい。

「働かない男たち」を援助してはいけない

さて、問題を男と女の恋愛論から、社会問題となっている「働かない男たち」に移行したい。

人間は、生命を尊重するあまりに、働かない者をスポイルすることに徹している。

女性の場合、主婦という仕事がある。それは省く。男の場合は食べるために食糧を獲ってこないといけない。というとそんな時代じゃないと、また嗤《わら》うのだ。

時代に甘えるのもそこまでになると精神異常だ。

現代は、「働かなくても保護、援助します」という常軌を逸した世界となっている。それは人権団体が暗躍しているからであり、妙なボランティアや偽善団体が席巻しているからである。

「働く事に価値がない」「やりたい仕事がない」という若者は多いが、それでなぜ食べていけるのか。そう、親か国が援助しているのだ。では彼らは学生なのか。

私も阿修羅《あしゅら》ではないので、彼らに「死ね」と言っているわけではないが、本音は健康なのに働かない男には死んでほしいと思っている。それとＩＱが50くらいにしか見えないおばさんもだが余計なひと言は慎もう。

男が、仕事に対して、または労働に対して本気にならないことにより、その恋人も同じ態度となってしまう。母性だけで生きているような女なら、彼氏が働かなかったら風俗に勤めるものだが、悪循環とはまさにこのことで、かわいい彼女には指名が大量に入り、お金を稼げるので、ますます彼氏は働かないようになる。

さて、ではなぜ、男たちは働くことを拒むようになったのか。すぐに鬱病になるものだ。

平和だからである。

生きていけるからだ。

誰かが助けてくれるからだ。

平和だから、他の人が他人を助ける余裕があるからだ。

しかも、それを長い期間実行するのが最低、最悪なのだ。

愚行も平等にしたがる慈善事業

どこかに書いたが、五年も十年もニートでいる「大人」の男を更生させるために、ずっと説教や談笑を続けている人たちがいる。しかし、彼らが働かなくなった理由は、病気ではない。足が動かないとか昔の水俣病のような酷い状況に陥っているとか、そうではなく、「お母さんが死んじゃったから悲しくて」とか「仕事が嫌いなんだ。ずっとゲームをしていたい」という理由だ。そんな無能で甘えん坊で、社会のクズのような男に、何年も説教しているのが愚行の極みなのだ。戸塚ヨットスクールのような施設に三か月くらい入れておけばいい。それで更生するか死んでしまって、それも悪くない。時間の無駄もここまでになると、社会悪。他にしなければいけないことがいっぱいある。

五年間働かず、部屋にこもっていた男が働くようになり、「立派になったな」と記念のプレゼントのようなものをもらっている様子をテレビで見たことがある。

「俺は馬車馬のように働いて、何ももらってないぞ」

と憤りを感じた。

血便が出て、大腸がんの検査をし、咳が止まらなくて肺に異常がなくストレスの薬を飲み、酸素カプセル、漢方、鍼灸《しんきゅう》と……ありとあらゆる手段を用い、仕事をしているが本が出来上がった時に誰からも何もプレゼントなどもらっていない。印税がちょっと入るだけだ。

私のように怒り心頭になっている人は大勢いる。だが、善人たちが彼らを守るのだ。

どうすることもできない。

それが愚行も平等にしたがる人間の愚かさだ。

第2章

個人がやっても許される愚行

1

お金の使い方の愚行

酒を浴びるように飲む

酒税を払っているのに、酒を飲んでいて文句を言われる筋合いはない。

世の中は税金を【余計に】払っている人に権限があるのだ。特に、一方が払っていなく、一方がすべて払っていればその度合いは増していく。

安いお酒紛《まが》いの酒を飲んでいる人が、最近では高くなっている日本のウィスキーを飲んでいることを怒ってはいけない。もちろん、権限のある方が傲慢になってもいけないが、税金を多めに払っている方は堂々としていいものだ。

派手に豪遊する

豪遊の自慢はいけないが、豪遊する人がいないと経済は成り立たない。

やしきたかじん氏が亡くなってから、大阪のある繁華街は強烈なダメージを受けたらしい。

みのもんたさんが銀座に行かなくなったらどうか。

私が行っていた銀座の飛騨牛の店がなくなった。私が行かなくなったからだ。私も銀座で豪遊しなくなってから、もう五年は過ぎた。

もっともっと豪遊する作家さんや芸能人が増えないと、銀座、祇園などが困窮していくではないか。どこの国でもそうだが、国の中心的な娯楽街が困窮すると、その国は衰退していくものだ。ディズニーランドの観客動員数が極端に減ってきたら、もう日本は終わりだろう。それにしても**豪遊ほど、立派な行動はない。**

しかし、それを自慢すると、それは愚行となる。

ここでの愚かさとは、私の否定する愚かさだ。

豪遊も、銀座の店のホステスとママだけが知っていればいいのだ。それをフェイスブックに書く必要はない。

なぜか。

敵を作るからだ。

敵を作ることが人間の最たる醜さと書いたばかりだが、お金持ちが敵を作る必要はない。なのに、**近年のお金持ちは豪遊自慢をさかんにし、庶民を煽《あお》っている**。何かストレスでもあるのか不思議だ。

オスカー・シンドラーのことを別項で書いたが、シンドラーが札束を捕虜のユダヤ人に見せびらかしても意味はないわけで、**日本のお金持ちたちが、フェイスブックでお金のない庶民に、豪遊を見せることになんの意味があるのか**。

庶民に怯えているのだろうか。

庶民が、実は弱者でもなく、ネット上では強者だから、それを潰したいのか。

最後の一文が正しい解釈だと思う。

子供に多額の教育費を投じる

子供の教育に熱心な親が多いが、正直、**人は才能である。バカをいくら教育しても利口にはならない。**

才能とは、「ひらめき」があることを言う。

「１％のひらめきと99％の努力」

という有名な言葉があるが、１％のひらめきは教育では生まれない。本人が、「ふと」思うことだ。

「うちの子は天才かも知れない」

と凡庸《ぼんよう》な親が目を輝かせても説得力は皆無。恐らく、子供は天才ではない。

才能を開花させたいなら、関心を示したものに向かわせるのがベストだが、どこの親もいろんな習い事を強要するものだ。どんなに勉強ができても知性がなければ、どうにもならない発達障害のような大人にしかならないことは東大生の焼酎一気飲み事件で分かる。焼酎の一気飲みをするゲームを公園で行い、倒れた一人を放置したまま、ゲームを続け死なせたのだ。放置した時間は四時間にもなる。誰も倒れた学生の様子を見に行かず、救急車も呼ばず、遊んでいた。それで東大生は優秀らしい。早稲田大学では最近までレイプが流行っていたものだ。

他人を巻き込めば、愚権でもなんでもなく、合コン三昧の遊んでいる学生にさらに公園で酒盛りをする権利もない。ただの迷惑行為だ。

教育というのは不思議な慣習で、なぜ、

「救命に関する教育を熱心にしないのか」

「なぜ、基本的な道徳教育を熱心にしないのか」

ノーベル賞を増やしたいのか。数学がそんなに大事なら、そろばんを復活させればいいし、セックスがそんなに悪徳なら、性教育で「処女を守れ」と言えばいいのだ。男の子には、「好きでもない女の子とやらずにソープに行け」と。

話を戻すと、**頭の悪い子供に懸命に勉強を教えても、絶対に知識とはならない。**

記憶力、学習能力がないのだ。

簡単すぎる問題が分からず、難しい問題が分かる子供は天才に近いか天才だ。

簡単な問題しかできない子供は、かわいそうだが単純労働のやり方を教えた方が無難だ。

学校の教育は真の愚行。そういえば、組体操という愚行を続けているものだ。

しかし、親が勝手に子供を英才教育するのはおおいにけっこうだ。金を使えば、塾も儲かる。何よりも、親の自己満足はくだらない快楽だ。しかし、それは子供にとって迷惑とも言えて、難しい問題だ。

「あの女の子は毎日塾に行き、僕はあの子が好きだったけど、森に虫を取りにいった。うちにはお金がなかったんだ。ある日、枯れ樹が目立つ森の精が囁《ささや》いた。森は枯れ果てたがあの子は将来美人になるぞって。だけど、あの子は街へ街へと行ってしまい、僕は森を綺麗にするための研究を始めたんだ。そして彼女は美しい大人の女になったけど、成功とお金の話ばかりしていたよ」

彼は何が本当の「美」か、ひらめいたのだ。

2

習慣の愚行

タバコを吸う

煙草が好きなら大いに吸いたまえ。

壁が黄色くなれば、引っ越す時に業者が喜ぶ。煙草で口が臭くなったら、おっぱいだけの女も近寄らない。良いこと尽くめだ。肺がんになる？　それは覚悟しないといけないが、スポーツカーが好きな男は事故を起こして死ぬ確率が高いのではないか。**何事にもリスクはある。**

菜食主義を貫く

ヴィーガンとは、究極の菜食主義だ。**菜食主義が迷惑なことはあまりない**。二十三歳で亡くなった米俳優リヴァー・フェニックスは有名なヴィーガンだったが、日本の鰹だしすらも断ったくらいで、そこまでになると、本書のテーマとは外れる。迷惑行為と言えるだろう。

実は私もやや菜食主義だ。肉はあまり食べない。

愛猫が死んだ時には一年間、まったく食べなかったことがある。しかし、肉、特に赤身がないとタンパク質（アミノ酸）をサプリでしか補えず、たまに食べることにしている準菜食主義だが、朝食と昼食で肉を食べることはほとんどない。それで寿命が延びるわけではない。人間は菜食主義に奔《はし》っても八十歳くらいで死ぬものだ。

動物愛護の観点からの自己満足だが、それも尊敬される行動で、私は鯨もイルカも食べることはない。出されてしまったら食べるかも知れないが、それは相手を不愉快にさせないためで、その土地に入ったら、郷に従うという信念もある。鯨料理が自慢の店主と仲良くなった時には鯨ベーコンや刺身を食べていた。しかし、和歌山県に、ラーメンを食べに行くことはあるが、イルカを食べには行かない。イルカ漁が世界的に叩かれていて、すでに和歌山の漁業でだけとして、それは淘汰される時期にきたのだ。

性的少数派は次々と生まれていくから、「淘汰しろ」には無理がある。人種差別的に殺すようなものだ。

しかし、イルカ漁が次々と出てきていることはなく、炭鉱がなくなったのと似ている。

いかにも愚かな事とは、すべてに批判され、需要がなくなった仕事に執着することである。

私の本の仕事もじきになくなる。「レコードみたいに復活するよ」と友人が言ったが、マニアが好む程度では食ってはいけない。だから、本の仕事にしがみつくのは愚行だ。部屋で、哲学書を時間をかけて書き、ニーチェやサルトルを目指すのなら、「勝手にどうぞ」だが、そのためには、家族に金を渡す預金がないといけない。

それをしないと愚権を行使したのではなく、行使する権利がない、ただ愚かな行為になる。イルカ漁がやめられないのも食う金がなくなるからだが、イルカがだめなら他の仕事を探すしかないのだ。

日本の伝統的な食文化か。

欧米の食文化がまったく入ってなければ、その反論は通じると思うが……。

薬依存症になる

薬漬けになり、巨大製薬会社に、あなたが貢献しているうちは世界経済は安泰だ。抗がん剤で生還した有名人も多いし、漢方はやめて、バカのように西洋医学の薬を飲むべきだ。私は抗がん剤は嫌いだが……。

風邪薬が必要なのは、あきらかに老人だけである。微熱の風邪が自力で治せないようでは、もはや食生活が狂っているのであり、免疫力が低下しているのだ。それを風邪薬で治そうとする人間は、何か急用があるのだと思うが、会議なら紅茶に生姜《しょうが》を入れて飲むとか対策はいくらでもある。それでも製薬会社に援助したい人は尊敬に値する。

「あなたのおかげでまたもっと効く風邪薬が作れます」と会議室にいた客人の製薬会社の人間が嗤《わら》うだろう。まるで次々と出てくる洗剤みたいに、よく効く風邪薬が発売される。それを皆、せっせと飲む。その愚行は大いに経済に貢献していると繰り返し言っておくが、私はあまり好まない。

日本人は精神安定剤の類をたくさん飲むことでも有名だ。それくらい、職場で辛いのだと思うが、家庭内の問題も山積みだ。

愚権論としては、**「気持ちよくなるなら飲んでもよし」**と言っておきたいものだ。すっと、ストレスが消えていく。すっと痛みが取れていく……こんなに気持ちいいことはない。しかも薬には即効性があるのだ。漢方にはない。

人は即効性があるものが好きだ。それは、次にやらなければならないことが控えているからであり、風邪薬をすぐに飲む人も仕事やデートを控えているからだ。

しかし、一人の部屋の次にやることが愚行しかなくても風邪薬を飲むのだろうか。

オナニーをする前に、その男が風邪薬を飲むだろうか。しかも翌日も日曜日だ。そう、飲むのだ。人々はどんな時でも風邪薬を飲む。それは気持ちいいからである。微熱が平熱に下がるのが気持ちいいのだ。風邪薬依存症である。**くだらないことだが、誰にも迷惑はかからない。**

宗教にはまる

信仰も愚行ではない。当たり前だ。カルト教団にしても、殺人を好まなければ、文句は私はない。トム・クルーズが新興の自己啓発の組織に入信していて、共演者を勧誘していることが一部で問題になっているが、映画は大ヒットをしているし、「精神安定剤を否定する教団」らしく、悪いことではない。私も入ろうかなと考えるくらいだ。

宗教には病んでいる人や弱っている人が入信するために、死者が必ず出るもので、「あの教団では死亡者が出た」と言うのも、「病院で人が死んだ」と同じようなものだと私は思っている。**ようは、人に押し付けなければよいのだ。**

トム・クルーズも、共演者を勧誘しなければ自由だ。

しかし、お金のない老人などに、「お金を出しなさい」と迫る宗教は多く、それで家族が迷惑になる場合がある。あまり興味がない世界なので、早くに結論を出すが、「**金があるなら好きな宗教で好きなように悟りを啓《ひら》けばいいでしょう**」ということだ。

太りすぎる

デブの人間がいる。

デブは先進国には必要な人材だ。

まず、メタボリックの定期検診の金になる。またまた医療関連が笑うわけだ。

コンビニで売っている砂糖がたっぷりの清涼飲料水も、彼らが飲まないといろんな企業が困ってしまうだろう。

菜食主義者ばかりになったら、豚や牛を生産することができなくなる。特に安い肉にデブは群がるから、大衆の鑑《かがみ》とも言える。

デブが迷惑なのは、電車内で臭いことくらいだと、私は思っている。

夏に、イケメンの若者が上半身を裸になって、女の子たちと歩いているのを大宮駅前で見たが、デブがそれを率先してやることはない。

デブは、自分を弁《わきま》えていて、逆にイケメンの細マッチョの方が調子に乗っているとも言える。

男の私から見て、デブはそれほど害悪でも不愉快でもない。

ただし、私は車が好きだから、デブがポルシェに乗っていたら激高《げっこう》する。ケイマンだったら、「狭いし、似合わないだろうに」と軽蔑してやまない。

しかし、デブの醜い男が、美しい女性とセックスをしていたら、「よくやった。そのセックスを見せてほしい」と頼むかも知れない。

しかし、デブに愚権があるのか。

ないのではないか。

なぜ、デブになっているのか。なぜ、そんなに食べるのか。

過食症の病気なら、薬がある。

女子の過食症はよく聞くが、デブの男の過食症はあまり聞かない。

デブの男は総じて味覚障害だが、味覚障害だったらデブになっていい悲しみもいいなと思うがあるのだろうか。

私は、病院で、「君はなぜ過食症にならないのか」と笑われたことがあった。食事をすると咳《せき》が止まる病気になったのに、過食をしないのだ。

「僕は美味しいものしか食べません。新鮮なものしか食べません」

と、医師を見つめて笑ってみせた。

「美食家だったのか」

医師も笑った。

私の知り合いの女性で、結婚した途端に夫が牛のように太ったという話をどこかに書いた。

幸せ太りなら、なんの権利もない。「デブになってもいいですか」という権利だ。

権利とは、苦しみぬいた人と優秀な人に与えられるもので、それが愚かだったら、愚権と言っているのだ。

デブに愚かになっていい権利はあるのか。と繰り返し、考察したい。

新妻が肥満を指摘すると、「君が痩せなさい」と切れたそうだから、彼は結婚した途端に甘いものや肉などを食べることに快楽を見出したのだろう。

豚のように太り、新妻がセックスを嫌がったのに、痩せる気がなかったとすれば、それは女性を軽視しているとも言える。「デブになった俺ともセックスをしろよ」ということだ。

セックスの強要はなかったそうだが、「子供は欲しい」と言っていたらしいから、デブが嫌いな妻は、その夫の射精を体の中にされることになる。それは嫌だろう。

デブは少数派ではなく、世界中にいる。

彼らが、絶対に結婚できないこともない。それは「デブの彼はモテないから浮気しない」という女性に人気があるのだ。

だから、**デブで結婚ができた男は、浮気をしないことで、もっとデブになってい**

い愚権を発動することができるのだ。妻も喜ぶだろう。浮気しないことが妻から見て優秀だから、デブになっていられる愚権を行使できるのである。

糖尿病になる前に生命保険に入っておけば、結婚前から打算的だった妻は、もっと喜ぶに違いない。

「浮気しない男がいい」

と考える女ほど、計算高い女はいないだろう。狡猾に動き回り、男を利用しながら人生を生き抜くはずだ。

自殺を図る

自殺は愚権だろうか。

人生が楽しくて楽しくて笑いが止まらないという人間が自殺をすることはないだろう。

自殺とは、疲れ切ってしまった人が選ぶ愚権の最たる行為だ。

自殺した人を責めてはいけない。

辛さにも、人それぞれに軽重《けいちょう》がある。いや、重いトラブルに巻き込まれても大丈夫でいる人間もいる。傷ついた時や失敗した時に、自殺するか耐えるか、然程《さほど》、将来は影響されないか。その違いは、**自由であるかないか**だと思っている。

「あなたはこんな失敗をしました。だけど、その後、自由に動いていいです」

「あなたはこんな性犯罪に巻き込まれました。だけど、あなたの思想は自由です。相手の恋人もそう願っています」

ある組織や企業の中で失敗やトラブルに巻き込まれ、しかし、その組織の中に拘束される生活を強いられていたら死にたくなるだろう。

分かるだろうか。

失敗をしたり、トラブルに巻き込まれた人間は、すぐに開放すればいいのだ。そのまま、そこに閉じ込めておいたら辛くなっていく。

その閉じ込められた忌まわしい場所から逃れるためにするべきことは自殺しかない。

「自由になりたい」

と叫ぶと、「子供だな」と揶揄《やゆ》される。

だが、**自由は疲れた人や傷ついた人にはとても重要だ**。

まずは、家族の人や恋人は、自分の大切な人が失敗をしたり、傷つくことがあったら、それを受けた場所から開放させることを私は勧める。自殺しないように同行すればいいでしょう。

私は、急に白髪が増えるほど様々なことで傷ついてきた。

そこから逃げれば楽になるんだ、と分かったのは最近だ。ＳＮＳをほとんどやめたのだ。

「里中さんのブログもツイッターもなくなった」と寂しがったファンもいたらしいが、ツイッターではアンチに絡まれるばかりで、とてもストレスだったものだ。やめたら、楽になった。本当に「ツイッターはもう見なくていいんだ」と安堵《あんど》したものだ。

もし、「講演会の客を集めるために、ツイッターを続けなさい」と誰かに命令していたらどうだったか。白髪どころではない。発作的に自殺していたかも知れないのだ。

3 男女関係とセックスの愚行

リアルな女性とつきあわない

アニメに熱中し、生身の人を愛せなくても大いにけっこう。人間ほど愚かな生き物はいない。世界中の動植物を絶滅に追いやり、自然を破壊しているのに、「我々は偉い」と勘違いしている異常な動物だ。男など、強ければ射精と名誉、金のために生きていて、弱ければ女を騙すことばかり考えているから、女子はアニメや漫画のイケメンと恋をしていた方が気持ちは楽だろう。

また、女は、二十五歳にもなるとすぐにおばさん化し、性格がどんどんきつくなるのに、自分を鏡で見て律することもなく、男がアイドルが好きな台詞を作ると、「男はロリコン」と軽蔑するから頭が弱すぎる。

女たちが女の美しさを失ったから、男たちはアイドルに夢中になるのだ。醜い女は、誰でも嫌いだ。そうだろう。若くなくても、石田ゆり子のようなら、文句はない。美しい女優はいっぱいいるが、街には滅多にいない。激安スーパーをすっぴん、ジーンズにユニクロで歩いている美女でもない女をどうやって好きになればいいのか。

日本で言えば、若い女もスポイルされていて十八歳になっても昔の十三歳くらいの知性しかない。だったらアニメの美少女でオナニーをしていいようではないか。

変態なセックスをする

「女は俺のトイレ」と叫んでいてもよい。逆に、男のペニスを踏みたがる女もいるので、**この世界は実は優しさに満ちた「男女平等」なのだ。お互いその異常行為に傷つかないのだから優しいのである**。裏を返せば異常ではなく、究極の治療法かも知れない。そう、ストレスの。

聖水と言って、女のオシッコを飲む男もいるくらいだから、変態なセックスはそれほど稀ではない。皆、黙っているだけだ。特に、ストレスに苛《さいな》まれている人に、SMの世界はお勧めである。ただ、金はかかる。その金もギャンブルで用意すればいいのだ。「破滅する?」。破滅して、そこから這い上がると真の大人の男になるものだ。しかし、這い上がれなかったら自殺することになるから、私は「物書きは無責任」という愚権を行使したい。

ＡＶを大いに観る

男なら、自分の性癖も、女体の好みもよく分かるようになり、逆に恋愛で失敗しなくなる。

巨乳が大好きな男が、小さなおっぱいの女優さんのセックスを見てもつまらないなら、恋人にするべき女性は巨乳でしかない。近場の好みではない女で間に合わせれば、彼女を傷つけることになる。

体液を使った変態なセックスも、道具を使ったＳＭも、実際に行われていることを女たちは知らないといけない。セックスに純愛などはほとんどない。セックスは遊びだ。遭難した山で抱き合えば純愛なのだろうが、そんな揚げ足取りはやめてほしい。**ポルノを守り、性犯罪を減らすためにもＡＶ観賞をもっともっとしないといけない**のだが、「過激なポルノがレイプを助長する」だって？

たしかにそういう事例もあるだろう。推理小説の保険金殺人も犯罪の参考にされているではないか。何事も、「ゼロ」にはできないと言っているのに、駄々っ子のように分からない人間が多すぎるのだ。性犯罪も交通事故も殺人も詐欺も、ゼロにはできない。当たり前のことで、それを「少なくする」策を練るのが（本当は）警察の仕事だ。

人間ほど愚かな動物はいない。

勝つために敵を作ることを考える動物なのだ。

この理屈が分かるだろうか。

敵がいないと無理に敵を作る。そんな動物は滅多にいない。

ドイツ人は、ユダヤ人を敵とすることでナチス・ドイツを拡大させた。

今の中国と韓国は、日本を敵にすることで自国民を鼓舞《こぶ》させている。北朝鮮は、アメリカを敵にすることで国民が納得する。

今の日本では、平和のために男女ともポルノを敵にし、それに興味がない自分たちを「高める」ことに余念がない。他に、常に高級と成功を敵視する者も日本人には多い。私もそうだ。毎日高級料理を食べている無名の人間には不快感を覚える。香川真司だったら文句はないし、秋元康でもよいが、どこの誰か分からない仕事も何をしているか分からない人間の高級三昧は嫌う。それによって、私が高まるのかと言うと、その瞬間に血圧が上がって、高揚するだけで、また次の敵を探さないと快楽は持続しない。だから、そんな愚行はやめた方がよい。これはやってはいけない愚かな行為だ。

風俗に何度も行く

風俗には何度も行くべきだ。

そこにはお金に困った女の子たちが大勢いる。**彼女たちを救える上に、自分も楽しいのだから、こんなに合理的な話はないのだ。**性病が怖いなら、アロマッサージだけの店に行けばいいし、お金が無くなるのが嫌なら働けばよい。

何もかもが悪循環の逆。

経済が活性化していくものだ。

ただし、お金に困っていない女の子は指名しないでほしい。特に多いのが、「働かない彼氏のために風俗にいる」という女だ。あなたのお金の一部が彼女に入り、そのお金で彼女の彼氏がパチンコをする。そのパチンコのお金が朝鮮半島に流れる。という寸法に陥る。

セックス三昧になる

女の子がセックスが大好きなのは愚行か。

先日も、東京スポーツの街頭インタビューで、経験数が50人以上という二十歳の女の子が出てきた。１００人を経験している女の子もよく登場するが、バランスを取るためか、ごくたまに3人くらいの女の子が出てくる。

セックスは、女性には妊娠のリスクがあるから躊躇《ちゅうちょ》するもので、それがなければ男と同じくらい好きなのだ。もし、日本にモノが溢《あふ》れていなくて、グルメがあまりなければ、もっともっと女の子たちはセックスに興ずるだろう。あまりにも遊ぶコンテンツが多すぎて、セックスよりも楽しいことを見つけることが容易なのだ。それは『簡単に』できることだ。

セックスには準備が必要だが、それが面倒臭い女性は、簡単にできる快楽に熱中する。テレビがまさにそうで、女性ほどテレビが好きな人種はいない。ワイドショーの情報番組が大好きだが、あれくらい情報を脳に入れていたら性欲は減退するだろう。男ですら、仕事や研究の情報の渦に巻き込まれると、一切の性欲を無くす。

女性でセックスに明け暮れている人は、例外なく、趣味があまりない。しかし、趣味というものは、それほど自分を成長させることはなく、対象に低い価値しかないと、堕落していくものだ。セックスは、遊びならば、対象が社会的に低い価値しかない男でも、ペニスが強ければ、または精力があれば、女は、女の色気を輝かせることができるものだ。

また、**セックスは男女関わらず、「世の中にはこんなにいろんな性質の人がいるのか」と、人間観察ができる勉強会にもなっている。**

本当に優しい人なのか、本当に悪い人なのか。それがセックスの前後に顕著《けんちょ》に出てくれるものだ。

悪い人に殺されては嫌だが、繰り返し言うように、どんな行為にも遊びにも「事故、事件」はあるのだ。野球を観戦していたら、ボールが頭を直撃することもある。もっともリスクが高い人の趣味は何かと問われたら、セックスではなくギャンブルに他ならないが、競馬は大人気だ。バイクを乗り回す趣味も、セックスの情事で殺される確率よりも高いかも知れないし、登山が趣味だと遭難もする。セックスだけ性病を目の敵にするのは解《げ》せない。

しかし、たくさんの男と寝てきた女の子が、「男を見る目を養う」かどうかは不明だ。それには才能がいるのだ。

男もそうだ。抱いた数が多ければ器もどんどんでかくなるということはない。何事も才能が必要で、**セックスの才能がないのに、セックスに興じていては、時間の無駄と言える**。しかし、本書は愚権が主題だ。

二十歳で、セックスの経験が50人以上、そのうち彼氏は3人という女の子には、何かの特権があるのだろうか。

男たちに歓ばれる何かを持っているとしたら、それは美貌なのだろうか。

「簡単に足を開くんだよ」

と、同性の女の子たちは批判するが、男はブスは抱かないものだ。何か魅力があることは間違いない。その少し不明瞭な愚権を私は支持する。

「女は、多くの男から『抱かせてほしい』と言われて、それに幸せを感じないといけない」

私がある女性にしつこく説教した言葉だ。

この世には、

「おまえはセックスの対象にならない」

と、岸壁から突き落とされている女性たちがいっぱいいるのだ。処女のままか、処女じゃなくても、優しい男が仕方なく抱いてくれたもので、何も褒めてもらえなかった。おっぱいが綺麗でもヴァギナがまだ汚れてなくても、褒めてもらえなかった、という女性はいっぱいいる。そう、ブスだからである。

それに比べてどうだ。

「おまえはセックスがいいから抱かせてほしい」という男のセリフは、「体だけが目当てでしょ」では贅沢《ぜいたく》と言える。「体も心もいらないよ」と敬遠される女性の方が圧倒的に多いのだ。

そんな、女性としては見捨てられたように人生を送っている女性たちは、愚かな行為を部屋でして、ストレスを発散していればいいのだ。他にどうすることもできない。ジャニーズの追いかけも悪くない。**私からのアドバイスは、男女ともに、性癖は捨てないことである。**

セックスができなくても、なんらかの色気のある趣味は持ち続ける事だ。それが、そう、
若さを保つのだ。

セックスほど人を美しくする行為はない。

厳密に言うと、金がかからなければ余計に輝く。売春は必要悪だが、出来れば、男から金を貰わずに寝てほしい。

女尊男卑に振る舞う

男尊女卑、女尊男卑も大いに結構。**そんな思想は夫婦の勝手だ。**思想なんて、難しい言葉すら考えていないものだ。

「おい」と呼ばれて当たり前だと思っている女性もいるし、昭和初期の生まれのお爺さんじゃあるまいから、「おい、おい、おい、おい」と連呼しているはずもなく、少し頭が疲れている夫が、妻の名前に詰まって、「ちょっと、おい」と思わず言うことが頻繁になる場合もある。妻が、夫の名前を言わずに、「お父さん」とも言わずに、「ねえ」と言うのと似ている。

妻が、夫に家事をさせて過労死させるのも私にはどうでもいいことだ。そんな弱い男には関心がないし、「もう死なせてくれ」というくらい疲れているなら、風呂掃除が終わった後に、彼は何か愚行を楽しんでいるはずだ。それでも過労死したら、自己管理ができなかっただけだと言える。風呂掃除をしながら、アリナミンVでも飲んでいればいいではないか。

「俺が帰宅して、ソファに座ったら靴下を脱がせろ」と言ったところで、それは男尊女卑ではない。妻がその高級のソファを使い、すべてを享受しているなら尚更だし、その高級なソファを夫が買ったのなら偉そうになれる権利も発生する。

「そんな権利をいちいち行使されたら、仲良くなれない」

と女性たちは思ったでしょう。

その女性たちも、常に権利を行使している。それは、「わたしは女ですよ」という権利だ。

「缶詰の蓋が開けられない」「重いものが持てない」「甘いものを買ってきてほしい」「生理だから休ませてもらう」「妻だから給料を管理します」

かわいい権利もあれば、甘えている権利もある。特に、夫の給料を管理する暗黙の了解になっている慣習は、強権としか言いようがない。それに対して、男が何かの権利を行使したところで、そこで少しは平等になるものだ。

「俺は馬車馬のように働いている。帰宅したら玄関まで出迎えて、ビジネス鞄を持ってほしい」

という話が男尊女卑なはずはない。もし男尊女卑だったとしても、それは正しい男尊女卑と言えるが、「正しい男尊女卑」という日本語はなく、**男尊女卑も女尊男卑も平和な国で論じているうちは、暇潰しなのだ。もともと、どちらかが強者にならないと、男女の関係は良好にはならない。**良好にはまったく見えない関係に陶酔しているカップルもいるが、それは自由論で片づけられるはずだ。

結婚しない

あなたたちは独身主義を貫くのがベターだ。

魅力的な異性はいなく、昨今、同性愛者が増えた。同性愛は世界の解明されていない謎にされている。

人口の増加に伴う自然現象だと思うが、魅力的な異性がいなければ、四足動物や鳥も交尾を躊躇《ちゅうちょ》するから、まずは女が「女らしい魅力を無くした」とも言える。

すると、ジェンダー論を振りかざす、サルトルの恋人みたいな女たちが出てくるが、**難しい理論はいいから、セックスを楽しめばいいのだ。**

『ペニス崇拝』が消え失せて、男のセックスシンボルが曖昧になったのも原因だ。太くて、逞しいペニスの彫刻をもっと公園に増やすべき。それに女性が寄り添っている対の銅像だ。春画に警察が怒っているようでは話にならない。

男が巨乳に憧れるように、女は大きなペニスに憧れる世の中にすればいいのだ。

ジェンダー論に話を戻すと、何が面白くて、「女らしさは男性社会が作ったものだ」と怒っているのだろうか。幼稚園の小さな遊び場に行くと、男の子たちはケンカをしたり走り回っているが、女の子たちは砂遊びをしているかすでにおばさんのように井戸端会議をしている。

女らしさが男性社会に強制的に作られるものだとしたら、もっと大人になってからで、「美人しか採用しません」と言われたら怒ればいいだろう。それはジェンダーとはまた違う『美の産業』による陰謀である。

その美の産業があるうちは、美人なら生き残れるが、それがなくなったら、女は一巻の終わりになる。結婚の対象ではなくなるのだ。すでに、美の産業から自発的に離れている女たちは、セックスレスの生活になっている。かわいい下着も穿《は》かず、毎日がズボンで、子供を作る気もない。

セックスには色気と美しさと健康が必要だが、何もかもが美の産業の押しつけ。

それに疲れれば恋愛も面倒臭くなるから、独身女子でいればいいのだ。三十歳を過ぎて、自分を「女子」と言いながら、グルメを楽しんでいればいいと思う。男はすぐに期待を裏切るが良い料理は期待を裏切らない。

男たちも、満足に射精もさせられない女に執着はせず、ＡＶと風俗嬢で生きていけばいいのだ。なぜ、結婚にこだわるのか。**一人が不便なのは、背中の手の届かないところが痒《かゆ》くなった時だけである。**

ただし、独身主義でも孤独死は避けなければならない。

男なら、独身貴族的に常に恋人がいた方がいいし、女なら、話が合う男の愛人か親友のようになっておくべきだ。

死後、一週間以上発見されなかった愛人生活の女など聞いたことがない。独身が当たり前になり、ご近所から軽蔑されなくなれば、もっと孤独死もなくなるだろう。

なに？

少子化で人口が減ってしまう？

日本の人口は減らした方がいいでしょう。何かとスウェーデンなどの小国と比べて、「男尊女卑だ」「原発が多い」と、うるさい。スウェーデン、デンマーク、フィンランドも……それら欧州の「優れた国」らしき国は、人口がとても少ない。

性的少数派であることを告白する

性的少数派も目立たなければおおいに楽しむべきだ。なのに、なぜ、目立とうとするのか。

それを職業にし、テレビにさかんに出る人間も多い。カミングアウトも流行している。

カミングアウトをしてリスクが高いか低いか、それを計算できる人間は冷静沈着に時代を見ているのだろう。下流という言葉は嫌いだが、もともと下流や底辺でいた人間が、性的少数派のカミングアウトをすれば、そこから脱出することがたまにある。**珍しいから面白がられるのだ**。一方、それなりに地位のある人間のカミングアウトは致命的なイメージダウンになってしまう。いわゆるカミングアウトは、落ち目になった有名人の奥の手とも言えるが、それで成功した事例は少なく、日本中にアイドルが好きな男が大勢いるのに、「アイドルが大好き」と言ってイメージを悪くする。朝まで生テレビの司会者の方がそうだ。

いいではないか。アイドルは日本の文化だ。

ただし、「イケメンならなんでも許す」となっている。

ゲイ告白を許すかどうかは分からないが、福山雅治さんのＡＶ好きは有名だったし、あるイケメン俳優が子役の少女に恋をしたことをカミングアウトしてもなんでもなかった。しかし芸人だったら、ロリコンの犯罪者予備軍として仕事がなくなるかも知れない。

美女が優遇される話をよく書いているが、美男ほど優遇される人間はいない。そんな時代になっている。

話は少し変わるが、「異性に嫌われる」とはどういう状況を指すのだろうか。

私は昔、ある洗剤の匂いがとても気に入って、その洗剤を肌着で使うために、女の子のパンツやブラを枕元に置いて寝ていたことがある。その柔軟剤を使っている女性にもらってきたのだ。もちろん洗い立てにかぎる。それを見ていた女性たちは、私を軽蔑したのだろうか。誰もそれで私から離れてはいないが、傍《はた》から見れば、かなり変態と言える。

自分でも、「見られたら嫌だな」と思い、寝室に誰も入れたくなかったものだ。

しかし、その柔軟剤が新製品に変わった時に匂いも変わり、私のその性癖（？）はなくなった。……という話を先日、若い女の子にカミングアウトしたが、何も言われなかったし、関心も示されなかった。それは嫌われているということか。

異性に嫌われるとは、「見るのも会うのも嫌だ」という状態のみを指すのか。

それが性癖で決まるものなのか。

それこそ、DVやギャンブル中毒の方が、女性から見ればきついような気がする。

だったら、**変態、フェチは、それほど深刻な行動ではないかも知れない**。

そう、その一点だけでは、人は恋人から嫌われないのだ。

嫌われる時とは、何か別の問題が重なった時なのである。だから、**おおいに変態趣味を彼女にカミングアウトをし、楽しんだらよい**。それが例えば、フィギュアの女の子のスカートを捲《まく》って興奮する趣味だとしても、それが原因で離別とはならず、別の何か呆《あき》れるような行為をしていて離別になるのだと、私は考えている。「外出して、ノーパンやノーブラになったりする露出の癖で嫌われた」と言っていた女の子を見たことがあるが、どうも、その露出癖のまま、「高級ホテルに行きたい」とばかり言っていたようだ。高級ホテルや高級レストランをねだる方が嫌がられたのである。

第3章

私がやっているお勧めの愚行

1

ぼうっとしている時間を過ごす愚行

疲れていたら休めばいい

丑《うし》三つ時と言えば、深夜の二時頃だが、その時間に寝苦しくて起きる人は、心身が悲鳴をあげているので過労死や突然死を避けなければならない。

老人ばかりが入院している病院の看護婦（看護師では分かりづらいから看護婦）に聞いたら、「寝たきりのご老人は深夜の二時頃に急変するから、夜勤の時は怖い」と、ため息を吐いていた。

老人は朝まで寝る体力がないから早起きなのは誰でも知っている。

深夜の二時頃は自律神経が一番失調する時間帯で、健康な人でもストレスがあると寝ていても苦しくなって起きてしまう。

あなたが何かに苦しんでいるとしよう。

もちろん、もっとも苦しいのは働きすぎだ。

そのせいで夜中に目が覚めてしまう。ストレスで体力がなくなっているのだ。妻はそんなあなたを見て、「なんで起きてるの？　会社があるから寝なさいよ」と言うか、黙ってビールを出すか。

それはともかく、
疲れている人たちは傍《はた》から見ると、そう、サボっているとしか見えない。

しかし、

それでいいのだ。ぼうっとしていることだ。

心底疲れたら休む。

年齢には言及しないが、人は体力の貯蓄が不得意だ。

新渡戸稲造の書に、私が今書こうとすることと驚くくらいに同じ一文があったので紹介したい。


「体力の貯蓄をするには、一時の元気は出さぬがよい。しかるに日本人はその当座褒められるため……（中略）無理して体力を乱費する者が多い。」


なんとなく本を開いた箇所に載っていたから運命的に感動している。新渡戸稲造と澁澤龍彦は本当に私を助けてくれた。いや、澁澤龍彦の書との出会いは、私を性愛の研究者にしてしまったが……。

エッセイなので時々、話が横にそれるが、浅田次郎さんのエッセイにも「また脱線してしまった」と書かれているので、脱線と主観的な散文に目くじらを立てないで楽しんでいただきたい。

新渡戸、新渡戸とうるさいが、つまり、先程、編集者が太字にした新渡戸の言葉にすべて集約されてしまっていて、私のような無名の物書きがこれ以上、語ることがないのだ。

と言っても、あと三千字は語るかも知れないというオチがあるものだ。

あなたはバカではない。

頭の良い人間は、ぼうっとしている時にも次に何をするか模索している。

また編集者が太字にしたのか。編集者は高学歴バカだから、私に何もかも見透かされてしまう。

その私が間違って利発だとして、私はぼうっとしてサボっている時間がとても多い男だ。

まず、朝起きたら一時間はベッドから動かない。細かく言うと、歯を磨きに行く。歯を磨くことだけは熱心だ。しかし、良い歳をして低血圧なのか、元気が出てくるのがなんと夕方くらいからで、ピークは夜の八時くらい。困った肉体をしている。その起きてから、何もしないで目を開けながら寝ている時間、私は、正直自分を愚かだと思うこともある。

たんにサボっていると思う。

周りは怒らないが、同じことを妻や子供がやっていたら、「家事をしなさい」「勉強をしなさい」と言うか、「体調が悪いのか」と心配をする。他人には怒っているのに自分は物思いにふけっているかのように、ぼうっとしていては最低の権力者とも言える。実はそれを『愚権がある』と言うのだ。

愚権は親しい人にのみ許される愚かな行動

愚権とは、愚かな行動をしても親しい人に許されることだ。

例えば、逆境という言葉がある。いや、「苦労」がベストだと思う。

他に似ている言葉を探すと、そう「不運」という言葉は好きではない。少女が恐ろしい事件に巻き込まれたならともかく、言い訳っぽく聞こえる。私の親しい人たちの中には、「そんな不運なことがあったのか」と私が驚くほどの過去がある人が何人もいるが、「運が悪かった」と泣いている様子はない。こっそり泣いているのかも知れないが、彼ら彼女らは立派な尊敬すべき人間である。

「人間」という言葉も使いたくなく、女性なら、「女」と言った方が、その人も喜ぶ。人間として素晴らしいと称えられ、ニヤニヤしている人は神格化を夢見ている頭のおかしな奴しかいないものだ。読者の皆さんもそのような人には近寄らないのが賢明だ。次の日には、妙な団体に勧誘されるかもしれない。

話をテーマに戻すと、歳が四十にもなれば、若い頃から体力を使い続けている。

プロレスラーが老人になる前にどんどん死んで行ったり、重い病気や関節などの病気で早くに引退していくのは、若いうちから過激な技を体に受けているからだ。それは極端な事例だが、男なら、若いうちに女ばかりを抱き、毎日のように酒を飲み、しかも、優秀な男なら仕事もやっている。経験値はどんどん上昇し、仕事もベテランに近づくにつれ、周囲から頼られるようになる。その時に、蓄積された疲れが出てくるのだ。

自分の快楽や利益のために、動けなくなる年齢は四十歳から五十歳だと推測される。

「働き盛り」

という厳しい日本語もある。

私なんか、父親からずっと「働き盛りだ」と言われ続けていて、もう二十年だ。

そこで心底疲れてしまい、休もうとするが、日本人は義理や世間体を気にして、疲《ひ》労困憊《ろうこんぱい》の男が家族サービスという奇妙な慣習をしている。

そして死ぬ。

過労死するのだ。東名高速での事故死もあるだろう。

ところが、賢明な女は、「家族のことはいいから休んでいいよ」と優しく笑うのだ。真夏の避暑地に車で出かければその男が休めるとは限らない。それを知っている賢明な妻はあまりいないかも知れない。

賢明な女とは、

男の力（才能）でもらえる女の快楽を、その男の様子を見てあきらめられる女だ。


分かるだろうか。車の運転が得意なのは男だ。それは男の才能だが、女たちはそれに甘え、渋滞の時に助手席で寝ている。しかし、その男がゴールデンウィーク前の仕事で疲れていたら、渋滞の運転は命に関わるのだ。

女は我儘《わがまま》で、どうにも甘えん坊が多い。無意識にフェミニズムを押し出している女でも、「奢《おご》ってほしい」とタダ酒を求める。タダ酒ほど美味い水はないからだ。しかも男に奢ってもらうと、「私は綺麗かも知れない」と自惚《うぬぼ》れることもできる快楽になる。そんなフェミニストの女は男を観察する能力がないが、普通の女性なら、「彼は疲れているからあきらめよう」と、高級レストランも温泉も「今度でいいよ」と言う。

その、本当の意味での『姫』からのお許しが出たところで、あなたは徹底的にぼうっとしているのがベストだ。

私からのお願いである。休んでほしい。

充実した人生とは

仕事の疲れがひどく、体がすぐに動かない夫に、「何かしなさい」と怒る女は、私は知らないが、世間には多いらしい。それが家事なら（家事も大事だが）、もうその男には未来はない上に、人生は後悔だけで終わってしまうだろう。そんな男は老後に決まって言い訳をする。

「酒が美味かっただけでいいんだ」

「阪神が優勝したからいいんだ」

器の小さな話だ。

充実した人生を送った男は、比較的健康で、働き盛りを定年まで続けられる男である。男らしい遊びも極めていれば満足した臨終を迎えられる。男らしいと言うと嗤《わら》われる時代だが、男の体をもってして、女性的、または中性的に動き回る人生は『世界の解明されない謎』に含まれているが、それを勧める時代でもある。まあ、よいだろう。本書のテーマとは違うことだ。

女性なら、若い頃、そう肌が美しかった頃に恋愛が充実していて、結婚もできて、それなりに優秀な夫を持つことが充実した人生だ。優秀の定義は、「浮気をしないこと」だとしてもそれでよい。本人が満足しているのなら。愛人生活でもよい。その場合、セックスが好きなのだろうし、彼氏がお金持ちで楽しいのだと思う。

不健康にしても、十年くらいは徹底的に仕事をし、結果を出し、それなりに稼いだ男が充実している。女性でも若い時に、男たちから声をいっぱいかけられて、「美人ＯＬ」と褒められ、その花の命が短かったとしても、それほどの後悔はないものだ。

彼ら彼女らは、「趣味が楽しかった」という遺言は残さない。

「人生が楽しかった。生まれ変わったら、また女に生まれたい」とか「おまえと出会えてよかった。俺の妻では不満だったかな」と、日本人らしい謙虚な笑いをとって死ぬものだ。森光子さんは、「またね」と笑って亡くなられたそうだ。

森光子さんのことは分からないが、彼ら彼女らは、ある時期、または少しばかり老いてきた時に、愚かにぼうっとしているものだ。その際、もう一度、行動したり、向上するために力を蓄えているのだ。それをそう、『休養』と言う。


私は、疲れた男の休養期間は一年、二年でもよいと思っている。

あなたが深夜の二時に寝苦しくなって起きてばかりだとしよう。

愚かに、おおいに会社を休むといい。

貯蓄があれば退職する決断力も必要だ。それくらい、人は疲れたら休まないといけないのだ。だから、お金は大切だと、過去の著作で話してきた。

もし、それを咎められたら、その咎めた人は恐らく、健康でまだ逆境も知らないのだろう。

妻は疲れた夫を慰めよう

日本人は、見て見ぬふりが苦手になりつつある。欧米化したようだ。

他人のプライバシーを執拗《しつよう》に責めるようになった。そんなくだらないことは見ない方がいいのにと思われるニュースをスマホで読んでいる。そして酒がまずくなるくらいに怒る。

先日、久しぶりに行きつけのバーに行ったら、堀北真希さんが電撃結婚したという驚愕《きょうがく》するニュースが耳に飛び込んできたが、それを知らん顔をして酒を飲んでいた。相手の男がもし、ナンパ師だったら、もし宗教の男だったら、もし、独身のお爺さんだったら……と思ったら、その場は知らないふりをしているのが賢明と言えるが違うだろうか。次は石原さとみさん、その次はＡＫＢのトップの女性……。

見て見ぬふりや知らないふりはとても大事だ。

男性諸君は、ダイエットに疲れた彼女が、ポテトチップスを食べているのを見て見ぬふりをして、女性の皆さんは、仕事や政治問題に苦悩している彼氏が、夜中にビールを飲んで、動かないでいたら、そっとしておくか、「何かしましょうか」と微笑まないといけない。

「ビール、注ぎましょうか」

でいいのだ。

「早く寝なさいよ。明日も仕事があるでしょう」

と怒ってよいのかどうなのかは、彼氏、夫の様子を見て、あなたたちが判断しないといけない。

もともと、人は見て見ぬふりをしなければストレスが溜まり、ヒステリックになる生き物なのだ。ヒステリーとは女性に与えられてしまった病名だが、女性は周囲の出来事に神経質で、母性がある故にそれは仕方ないことと言える。しかし、疲れ切っている夫や彼氏の様子を見て、それを慰めない女性が増えてきた。『自立』のせいである。

自立とは、とても寂しいものだ。他人に冷たくなるばかり。「女性は自立する時代」と叫ばれるようになってから、女たちは自分の仕事、趣味の時間、そして人生の計画ばかりをするようになった。違うだろうか。そのため、愛しているはずの夫や彼氏の疲れた様子を観察する時間も減ったし、自分が遊びに行く予定があったら、彼氏が発熱していても出かけてしまう。それも彼女たちにとっては自立の一種なのだ。

男たちの方は、女性に対しては、美しさを求めることは変わりなく、その努力に失敗した彼女を責めてはいけない。女子のダイエットの失敗は、太ってしまった時に一種の死を体験し、その再来は絶対に逃れないといけないのに、また死を体験した状態なのだ。死が二度も三度も訪れた女性が、まともに暮らしていけることはない。必ず生理不順に襲われる。分かるか、そこの男子よ。

そこでそのダイエットに失敗した女子が、「叙々苑の焼き肉を死ぬほど食わせてくれ」と、今どきの汚い日本語で言い放ったら、「好きなだけ食って牛になれ」と言って、店を予約してしまえばいいだろう。その彼女に極上のぼうっとした休養を与えられて、生き返らせることも可能だ。そう、ダイエットに失敗した彼女には愚権があったのである。努力をしたという愚権だ。努力したのに失敗したら、彼氏のお金を目当てに叙々苑で食べてもいいということだ。

疲れた体に鞭をうち、日本人特有の義理的な行動で、さらに疲れていくのは美徳でもなければ、立派な行動ではない。褒めてくれるのは、道徳が大好きな大世間様くらいで、その立派すぎる大世間様や愚妻や器の小さな男を気にしたまま死んではいけない。

2

何かを捨てて山に籠《こも》るという愚行

一人の時間を持つことの大切さ

現代人のストレスは情報の氾濫だが、**他にも家族がストレスとなる場合もある。**

妻とはケンカは一切せず、子供たちは不良にもならず、親は小言も言わない。兄弟はなんの害もなく平穏に暮らしている。

という人はあまりいない。

男親にしてみれば、「娘がいかにもセックス三昧」とか、「息子が就職しない」も苦悩の原因になるし、それに対して妻の出方がお粗末だとどうにもならない。

女性にしてもそうで、夫が風俗ばかりに行っていたり、ギャンブルが好きでどうしようもなかったり、狸の置物のような腹になって老後の話ばかりしていてはストレスだ。


日本には良い山が多い。

秩父地方などニホンオオカミの生存が噂されているくらい、東京の近辺にも山がある。

たまに富士山の方面にドライブに行くと、駅からずっと離れた山中に小屋が見える。ポツリ、ポツリと散見できるほどだ。

ネットで不動産情報を見ると、車一台分くらいの価格で売り出している。賃貸もある。

疲れているあなたは、

こっそりとそれを買えばいいのだ。

預金を三年くらい頑張れば買えるのではないか。預金通帳もこっそりと作ればいいでしょう。

誰にも干渉されずに一日を過ごせる場所は、簡単な話、ホテルがそうだ。

しかし、ホテルに泊まるととても高額で、「なぜ、一泊数万円もする部屋に泊まるのか」と不思議がる人が多い。

誰にも会いたくないから泊まるのだ。

世話をしてくれるのは、ホテルマンであり、妻ではない。

妻の世話も悪くはないが、長く付き合っていると小言《こごと》が多くなる。

女性も同様に、疲れていたら一人で温泉に行けばいい。

朝、起こされるのは面倒だが、布団は敷いてくれるし、お風呂にゆっくりと入れる。誰にも邪魔はされない。

人は、一人の時間を持つことが必要で、特に誰かと長く暮らしている人は決まって疲れているものだから、一人にならないといけない。

皆、価値観も違えば趣味も嗜好も違う。

どんなに仲良くても、衝突することがあるし、お互い我慢しているものだ。

それが十年、二十年続くとストレスが蓄積される。円満な夫婦がこの話を聞くと失笑するかも知れない。

裸でいられる空間を持つ

繰り返すが、夫婦生活が円満で、子供たちも優秀で、親兄弟にも何もトラブルがなかった人生を歩む人は滅多にいない。それでも楽しく暮らしている人は、やはり何か特別な趣味を持っている。

例えば世界中を旅行しているとか。

豪華客船に乗るのが趣味だとか。

豪華じゃなくても、「船で樺太《からふと》に行った」話とかをたまに聞く。

毎週、ゴルフに出かけている中高年の男はそれでストレスを発散しているが、ゴルフをしない男たちはそれができないから別のなにかを模索するものだ。友人たちはゴルフ三昧なのだから。

それができない人はきっと苦悩しながら生きている。

だから何もしない部屋を買うといいだろう。

少し高級なホテルに泊まり続けたら、お金がなくなってしまう。

山奥なら、バカなこともできる。虫除けが必要だがベランダに裸でいても叱られないだろう。

家族がいる部屋の一室で裸になっても、「誰か来るんじゃないか」と怯えているもので、何もストレス発散にならないのだ。男のオナニーがその証拠。妻や子供に隠れてやったところでストレス。ティッシュの処理がストレス。

だから、誰も来ない小屋を買うといいでしょう。

そこで大きな声を出してもいいし、裸でAVを見ていてもよい。

しかし、女性には実は勧められない。人気《ひとけ》がないから犯罪に巻き込まれることがあるのだ。

だから女性は安い宿に頻繁に行くのがベターだろう。

そこでのお勧めはやはり、

服を脱ぐことだ。


私はあなたを見ていないのだから、変態趣味で言っているのではない。裸で足を広げて、ポテチでもつまみながら映画でも見ていればストレスは解消される。ニュースは見ない方がいいから、好きなＤＶＤを持っていくのがベストだ。

普段、お洒落に気を遣っている女性は裸で部屋を歩くのがとても気持ちいいものだ。誰も見ていないのだから。

温泉旅館なら、深夜にもなれば旅館の人も来ないだろう。

裸に浴衣だけを羽織り、露天風呂に行けば楽しいと思う。「ノーブラが気持ちいい」と。

日本は昔よりも連休が増えた。

私の父は、あまり家族旅行をしなかったが、それは連休が少なかったからでもある。

今はゴールデンウィークに加え、シルバーウイークも出てきた。

その時に、小屋に行くのがいいでしょう。最小限の好きなモノだけを持って。スマホもなるべく電源は切るように。

ただ、持病のある人は慎重になってほしい提案である。

3

南の島で過ごすという愚行

なぜ南の島なのか?

南の美しい島に滞在する。

出来れば一週間以上、何もしないで真っ白な砂浜とエメラルドグリーンに輝く海を見ている。

もちろん、仕事などしない。

成功した後に疲れた男の特権である。

北の大地と違うところは、水着の女がいることだ。

出来ればビーチに近いホテルがいいだろう。若い女性のビキニ姿を鑑賞できる。望遠鏡を使うほど変質者的になれとは言わないが、それも悪くない。いや、それは犯罪だったか。

そこまで頑張って見ようとしなくても、宮古島あたりのリゾートホテルに宿泊すれば、水着の女性たちが近くを歩いているものだ。

藍色の海は絶美であり、浅瀬の透明度は、星の砂を見つけられるほどで、都会の蛇口から出てくる水よりも綺麗だ。

人工の水と自然の水との比較をすればいいだろう。**地球が作ったものと、人間が作ったものの違い。肌で感じれば分かる**。

女性の水着と言ったが、疲れた女が、逞《たくま》しい男や若い男子の裸を容易に鑑賞できる場所でもある。恋に疲れていたら、声をかけてくれる地元の青年もいるだろう。もっとも、田舎の青年と都会に慣れた女性とは合わないものだが、新鮮なので体は合うかも知れない。

なぜ人は南の島に癒されるのか

男が人生に疲れる原因は、借金以外では、女のことか仕事のことと決まっている。

先に言うが、そこの若者たちよ。

疲れてもいないのに「南の島に行ってきます」というブランドが目当てで、バリ島に行ったところで、海や自然の美しさは分からない。

屁理屈ではなく、人が地球の恩恵に気づくのは、絶望している時と誰もが分かっているものだ。地球が創造した人間の、その優しさを知るのも、絶望している時でしょう?

日本で言うと北海道の女性は、それほど温かくない。

北海道で本が売れなくなったら困るが一般論だ。狩猟をする女性も多く、喫煙率も高い。自由な土地柄で、弱った男をかまっている暇はないという感覚が強い。もっとも、私も、弱った男を甘えさせろとは言っていないなく、南の島に長期滞在するには、それなりに自力が必要で、まさか、高齢の親が、「沖縄で休養する金だ」と言って子供に１００万円くれるはずはないと思う。私の親なんか冗談が通じず、「印税が遅れている。月末に２００万円入ってくるから、10万円貸してくれ」と言ったら、電話を切られた。

島の人は優しいかどうかはともかく、小さな島にいる老婆などなんの邪気もないものだ。

英語が苦手な私はなるべく西表島か竹富島に行くが、その目的は島の人と話をすることだ。

とはいえ、言葉の訛《なま》りがひどく、老婆に、「男の人にひどいめに遭ったことはある？」と聞いても何を喋ってるのか分からなかった事がある。昔は、レイプが当たり前のような感覚が男たちにあった。女子寮に忍び込んでは犯していた大学生が今は、六十歳くらいだ。老婆と言われる年齢の人たちは、その時代を生き抜いてきたわけだが、性犯罪から逃れていた老婆だけが無邪気に笑っているとは思えなく、いろんな感情を引き出したい。……死ぬまで仕事だな、私は。

若いうちの、まだ体のどこにも痛みがないうちに南の島の虜《とりこ》になってしまうと、それ以上のものを見つけられなくなり、絶望した時に自殺するはめになる。

理論としては優秀だろう。

本やネットに出ている、「一度は見てみたい世界の絶景」くらいしか頼れるものがなくなってしまう。

男なら、都会の喧騒《けんそう》に疲れたら、大自然の中に逃げ込んでしまうと相場が決まっていて、それは悪いことではないのだ。本当に、街に敗れたのなら。

それくらい、資本主義社会の都会は冷たい。

厳しいのではない。冷たいのだ。

その理由は、「成功すれば分かる」。

税金が高いとはいえ、成功すれば、「意外と世の中は厳しくないな」と悟る。ところが、風当りは悪くなり、妬《ねた》み、僻《ひが》みの攻撃を受け、弱者を助けなさいと怒られる。しかし、その弱者が本当の弱者ではなく、サボっている人がほとんどで、それを指摘するとますます批判されてしまう。じきに人間嫌いになるものだ。

その時に、助けてくれるのが南の島と言える。

体が然程《さほど》悪くないのに、薬を飲んでいたら効かなくなるように、疲れてもいないのにせっせと観光旅行していても、自分探しの旅をしているバカと一緒。

もしもの時のために、特効薬として避《よ》けておき、乱用しないことだ。

特に、女日照りの男には、絶望した時の南の島が効果抜群である。絶望していないうちに竹富島の遠浅の海で寝ていたら、絶望した時には、どうすればいいのか混乱してしまう。まさに屁理屈だが、究極を知ってしまった人が、それに裏切られたら、次にどうするか。という話だ。

「あんなにサイパンとハワイと沖縄に行っていたのに、ストレスの病気になってしまった」

という話を聞いたことがある。

鬱《うつ》にもなっていないのに、一流リゾートホテルの写真をフェイスブックに載せたいがために近場の南の島に行き、帰国したら仕事が山積みで、鬱になったら喜劇とも言える。

大自然の中で考えること

自分の話は控えめにしたいが、私は体に何か異常が出て、それがストレスだった場合、沖縄方面に行く。すると治るものだ。山奥でも治るが、女嫌いを直すには、水着がかわいい女の子が多い沖縄がベストだ。中身が強欲な女の子も、見ているだけなら美しいので。

ジロジロ見てはいないので悪《あ》しからず。

「女に逃げられたのに、沖縄に行ったら余計に悲しくなる」

そう思った読者貴兄。

カップルだらけのサマーランドに行くのではないのだ。大自然の中でもっと冷静に女性を見て、「女とは何か」と考えるべきだと提案しているのだ。

女性の場合は、逆に、銀座やリッツ・カールトンで、仕事が優秀な男をじっくりと見ているのがベストだが、「男の人はしばらくいいや」と思ったら、そのあきらめの境地に美貌は不要だろう。肉を毎日食べて一時的に太るのも良いことだ。

私は、波打ち際で、透明度100％の海水で足をしめらせ、その栄養分を体に入れながら、小さな蟹と遊んでいるのが好きだ。それは東京ではできない。大阪でも。三重県の出身であるから、紀州の海に行けばそこは美しいし、清流も滝もある。赤目四十八滝で心因性咳嗽《がいそう》が治ったことがあるが、**やはり「知っている人が近くにいる」と思うと、すべてのストレスが発散されない。**

東京に住んでいたら、「西表島までは誰も追いかけてこないだろう」と考えるし、スマホが繋がらない「素敵な場所」もある。いや、スマホが繋がらない場所は熊野の方が多いかも知れない。

西表島には水着の女の子は少ないが、なんといってもイリオモテヤマネコがいるかも知れないと思うと、猫好きの私は心が躍るのだ。

「ここで暮らせば楽になる」

と分かっているが、仕事がある以上は、東京にいないといけない。「作家の仕事なら田舎でできるじゃないか」。そう、笑われそうだ。そうだ。できるのだ。だが、私はその極楽な生活を保留している。

「俺はまだその愚権を行使するほど、実績もない」

と思うからだ。

島田紳助さんがきっと石垣島にいるだろう。あの人くらい働き、稼ぎ、そして疲れてしまったから、石垣島でのんびりと暮らすのは、彼の特権。


恋愛と仕事に疲れた人間が行ってよい楽園。

それが南の島だ。


数年前、フィジー島に行く計画を立てていたら、ローリングストーンズのキース・リチャーズが、フィジー島で事故を起こし、搬送されたというニュースが流れた。

「キース様がバカンスで行くような場所に、俺みたいな青二才が行っていいのか」

と考え直し、宮古島に変更したが、年齢的にもそろそろ良いだろうと思っている。

ただ、日本人女性が好きだから、外国人女性の水着には感じないかも知れない。かわいい蟹や熱帯魚を波打ち際で見られるのだろうか。

4

高級ホテルに泊まるという愚行

高級ホテルに一泊することのすすめ

以前の著作に少しばかり書いたことがあるが、**高級ホテルに一泊することほど愚かな行為はない**。

保険にかけ捨てというのがあるが、それと似ていて、まさにお金をかけては捨てていると言える。保険なら、もしもの時に戻ってくるらしいが、高級ホテルのスイートに一泊10万円をかけたところで、何も戻ってこない。

しかし、二泊、三泊……別宅の代わりにずっと泊まっていれば、それは「まとも」になって退屈になるものだ。

あなたも一度、リッツ・カールトンのような高級ホテルの80㎡以上の部屋に一泊して、

「ああ、俺ってなんてお金の無駄使いをしたんだ」

と肩を落としてほしい。数年後に自宅の部屋で、絶望するくらいが理想だ。大人になるものだ。そう、それが分かるまで、一泊10万円ほどのホテルをビジネスホテル代わりにし、「俺は偉くなった」と調子に乗っているべき。有名大に入っただけで偉いと思っている学生と同じ程度なのを、少し大金を得た男は自覚するべきだろう。偉い人間とは、名誉のある人と誰かを愛していて、しかもその愛している人を大いに助けている人のことを言うのであり、

散財する人は偉くない

とはいえ、経済的に極悪ではもちろんなく、**一度は散財してみようではないか。快楽を知らないと男は上昇しないから、スイートルーム一泊のお金の無駄遣いは経験した方がよいだろう**。その経験をしてきた私のこの言葉は、その機会を逃さず、名言となる。機会を逃せば、ただの愚痴だ。

つまり私はつい最近まで一泊数万円のホテルによく泊まっていたのだ。部屋が80㎡近くになると、そう、まったく触らない場所があり、ひどい時は座らない椅子もある。逆に実用性がない部屋とも言えるが、ではそのような部屋がなぜ存在するのか。

富豪と有名人のためにあるのだ。

私はそのどちらにも該当しない。

ハリウッド女優が来日したら、高級ホテルのスイートに数泊するだろう。恋人同伴なら大いに利用価値が高まるし、セレブには、スタッフがついていたり護衛がいるものだ。その人たちが、所用で部屋に入った時に、椅子がいっぱいあればそちらを使うこともできる。二泊すれば、アメニティもすべて使いきるかも知れないし、バスルームでテレビも見るだろう。

高級ホテルでの愚かな過ごし方

午後二時か三時にチェックイン。ディナーはホテルのレストラン。恋人とホテル内の夜景がキレイなバーで語り、部屋に入ってベッドイン。翌朝、朝食を食べたら仕事のために早めにチェックアウトをした。

使った箇所は、トイレ、シャワールーム、ベッド。彼女の化粧のためのドレッサールーム。ソファにはほとんど座っておらず、部屋からの夜景も見ていなく、大型テレビで映画も観なかった。冷蔵庫の中にある飲み物には手を付けておらず、彼女が使ったリンスはほとんど余っている。なぜかその部屋にはキッチンがあったが、料理ができない今どきの美女は、お茶すらも淹《い》れてくれない。その女のために、10万円以上を使ったら、保険のかけ捨てとは比較できないくらい、金を捨てていることになるのだ。

そのような愚かな経験をしてほしい。

美女だと思っていた彼女は、よく見たら渡辺麻友や石原さとみと比べたら、ただの一般人の平凡な美貌だと分かるが、本人は、「仕事ができる美人」と自慢している。よくある話だ。

超高級ベッドは、シーリーかサータか分からないが、「ムードが大事」と微笑する女に限って動かないから男の汗と精液で汚れてしまう。そのシーツを客室係りを呼んで交換してもらうことは、度胸のある行動力である。男女ともに頭がおかしくないと精子臭のするシーツをすぐに換えてもらうことは出来ないものだ。

数泊すれば勝手に交換してくれて、ホテルマンは部屋がセックスで汚れていることを当然と思っているから、何事もない。しかし、「今、セックスで汚したからシーツを交換してくれ」と電話をする客は少ないと私は思っている。あなたにその経験があれば、その愚かさを尊敬する。愚かさが一般常識を光の速度で通り超え、神格化していくはずだ。ホテルマンたちが、「恥じらいのないすごい客がいる」と話題にしているはずだ。

世界一、寝心地がよいベッドも一泊のセックスで汚れてしまい、楽しめない部分もあるのだ。

読書をしなければ、ベッドサイドの読書灯も使わず、女がいなければドレッサールームも使わない。

その部屋を利用し、部屋の広さ、美しさにうっとりしているほど、気持ち悪いものはないのだ。

新装されたスイートに見学がてら一泊だけしているお金持ちなど、まさに自分にうっとりすることが目的で、そのためにお金を捨てている。

また、そんな部屋には泊まれない庶民的な女を連れてきて、彼女が部屋に入るなり、「なんて広くてキレイな部屋。素敵！」と叫び、探検を始めるのを見ていて、「俺は金持ちだ。すごいだろう」と、それでしか自己主張ができない、『女を知らないバカ』に過ぎない。

それも賢明な女が、

「次はもう少し狭い部屋でいいよ。私、セレブじゃないし。なんかもったいないよね」

と、苦笑いでもすれば、男は目が覚めるものだ。

高級ホテルに一泊しよう

高級ホテルに一泊だけをする愚行を勧める。

南の島と同様、ずっといるのならそれは正しい愚行。それができるなら愚権がある男だ。

だが、一泊だけなら、自己満足とナルシシズムのために、お金をホテルと国にプレゼントしているようなものだ。しかも、それをやる男は疲れてはいない。

世の中や家族や女に疲れた男は、ホテルに一泊だけをすると、余計に疲れることを知っている。

5

高級車を買うという愚行

なぜ男は高級車に乗るべきなのか

「猫に小判」と「豚に真珠」を調べたところ、同じような意味に解説されていた。

「価値が分からないものに価値のあるものを与えても無駄である」という解説だ。

しかし、本当だろうか。「豚に真珠」の方は、「**醜いものに真珠を与えても美しくならない**」ではないか。女性に対して使うとかどがたつから、誤魔化したのではないだろうか。私は子供の頃からそういう意味だと解釈していた。今度、改めて調べてみたい。

ここではそんな醜い顔の女性の話を書きたいのではない。ブスの定義もよく分からない。

車には無駄な高級車が用意されている。

フェラーリ、ポルシェ９１１ターボ、ベンツのＡＭＧ、ＢＭＷのＭ、アルピナ……。

正直、一般人が買うには不必要な車だ。レースのために造られたものを売っている。

軽自動車に乗っている人たちは、それらの車を軽蔑しているが、その安全性は驚愕するくらい高く、高速道路でフラフラ走っている軽自動車が運動会の小学生に見えるくらいだ。もちろん、低学年だ。

ベンツのＳクラスと軽自動車が接触し、軽自動車の運転手と助手席の人が大けが。ベンツの人は無傷だったとして、軽自動車の人たちが怒ったら、ベンツにはドライブレコーダーが設置されていて、軽自動車がフラフラしていた事がバレバレ……定番である。それでも軽自動車の信者は、「ベンツは偉そうだったな」と唾を吐くらしいが、その姿勢を一生続けていけば、それなりに価値が出てくる。

親友とは冷たいもの

高みを目指さないという無力な価値で、仲間をほっとさせたり、仲間の愚痴を聞く役目が回ってくるものだ。皮肉を言っているのではない。

向上心や野心がない人間には、それなりに役目が回ってくる。同じく向上心がない人間の友達になるという役目だ。

しかし、その関係を「親友」と言ってまわったら、滑稽だ。

居酒屋で飲み明かすのが親友なら、私には女子も含め、五人も十人も親友がいることになるが……。

その関係を「仲間」「お友達」と言うなら日本語として理解するが、親友ではない。

親友とは、もっと厳格でいて、ある意味、冷たい友人を指すのだ。

「おまえの甘えには付き合い切れない。出直して来い。あ、ここの代金は払えよ。割り勘だ。甘えんな」

という男だ。

向上心のない男同士が一緒にいればそれは仲間。慰めあっているわけだ。それは悪徳ではない。無害とも言え、無害には役目が回ってくるものだ。

ご近所の前科者には、当番の回覧板が回ってこないが、平凡ににこやかに暮らしている人間には役目が回ってくる。善い人に見えるからだし、実際に無害だから善い人なのだ。

特に日本では、目立たずに生活している人は評価されるものだ。

また、車庫に高級車が「一台だけ」なら評価が高くなるが、二台、三台になるとたんに眉をひそめられてしまう。何事も程度を弁《わきま》えないといけなく、そんな時は、桜の季節に近所の公園でバカ騒ぎでもすればイメージが変わるから、ちょっとバカに見せることが日本でのベストな暮らし方と言える。しかし、それは郊外や田舎の話で、人付き合いが嫌な人は都会のど真ん中に引っ越すのがベストだ。または駅直結のタワーマンションがいいでしょう。

なぜ軽自動車ではダメなのか

話を車の問題に戻すと、「軽自動車で満足」なのはいいが、ベンツやポルシェと交わった時に、「それでも軽自動車が最高」と思うのではなく、

俺もあっちの世界に行こう。

という怒りを持ってほしいのが、私の本音だ。

しかし、「軽自動車でかまわない。大型トラックとすれ違っても怖くない」と言い張る男は、同じく人生の成功をあきらめた良い友達に恵まれるだろう。

やっぱり皮肉だって？

あなたたちは、「友達、仲間」を作ることに命がけではないか。

そんなものは必要はない、と説いても聞く耳を持たないのに、「仲間で群れていて、男同士でずっと一緒で、たまにその中にいる女の子がいてもセックスもしないでお喋りだけの草食系でいればいいじゃないか」と、自分たちが好んでいる行動を指摘されると怒るのだろうか。

もし、怒るなら劣等感があるのか、私の書き方が雑なのだろう。いや、雑だと思う。どんどん、予防線を貼り、軽重と強弱をつけ、双方に気を配る文章に徹すると、このテーマだけで５０００字を突破してしまう。岩波文庫から哲学書として、きちんと書かせてもらうことくらいしか、双方の立場にいる読者を納得、説得させる打開策はない。

きっと私は、「仲間」「友達」「飲み会」が嫌いなのかも知れない。

その間に、良い映画を観ているか、一人でバーにいるか、読書をしているか、セックスをしている。先日、映画『アマデウス』をブルーレイで観てみた。モーツァルトもサリエリも孤独ではないか。誰とも群れていない。幸せではなかったようだが、潔《いさぎよ》い生き方である。

目の前のモノの価値がわかることの大切さ

軽自動車に乗るのはバカだが、実は超高級車に乗るのもバカである。

ベンツで言うと、Cクラスなら十分すぎるほど性能も安全性も高く、日本の狭い道はCクラスがベストだと誰でも分かっている。それをSクラスまでに押し上げていく男は、会社社長か、新幹線に乗るのが嫌いな特別な人間しかいないと思っている。

そのCクラスには高性能のC63（AMG）というスポーツモデルが用意されている。サーキットを走るわけではなく、まったく不必要。なのにそれを「欲しい」と目を輝かせている男がバカなのだ（私もだが）。

愚行である。

まったく、**生活する上で不必要なモノを買うことほどの愚行はない**。

さしてテレビ録画をしない人が、ブルーレイレコーダーの３Tを買うとか、疲れてもいないのに３０００円のユンケルを飲むとか、好きなアイドルの写真集を三冊買うとか……

これらの愚行に権利はあるのだろうか。

お金持ちの権利だろうか。

いや、年金暮らしの家庭に遊びに行ったら、生活が苦しいのに高価なブルーレイレコーダーが設置されていたのを見たものだ。

この心理は、

好きなモノに対してはその頂点に向かう。

好きでもないモノにお金をかけている場合は、見栄《みえ》。

単純な答えが出てくるが、もう一点、

「猫に小判」の場合もあるものだ。

つまり、**目の前のモノの価値が分からない。**

不必要なモノを買うのもそうだが、買う前に、あるいは手に入れる前にその目の前のモノの価値を考える能力のない人間が多い。

価値のわからないB層の人々

話は脱線してしまうが、価値が分からない人間に、価値の高いモノを見せた時のがっかり感を読者の皆さんは体験したことがあるだろうか。

例えば、誰かと高級料理店に入ったとしよう。

そこの料理は日本一と言われている。ミシュランが勝手に判断したのではなく老舗《しにせ》だ。

「日本一には価値がない」

と言う日本人は滅多にいまい。

ところが、その価値に惚れ惚れしていて舌鼓をしている男に対して、連れられてきた男は不機嫌。「料理が出てくるのが遅い」と言うのだ。遅いといっても常識の範疇《はんちゅう》だ。しかし、その男にとっては、どんどん料理が運ばれてきて、テーブルの上に入りきらないほど皿が並び、店はザワザワしていて埃っぽく、バイトの女子高生はかわいくて、だけど運んでくる途中、皿の中に指を入れているような大衆居酒屋に高い価値があると思っているのだ。

しかし、それを『高い価値』と評価するのは苦しい。

では個人的に評価される高い価値なのだろうか。

恋愛でも、ある女の子がＤＶをやる男とばかり付き合うとして、その男に価値があると思っているとは言い難いが、価値のまったくない男とセックスをする若い女性は病んでいるとも言える。何かその男には価値があるのだろう。セックスそのものだろうか。

仕事をしていない男とまずは付き合う、という女の子も多い。その男が出世していくところを見たいのなら、大いにけっこうだが、そうでもないらしく、「部屋でゴロゴロしているお腹がかわいい」と言っていて、それが平日の昼間だから傍《はた》から見ていると、呆然としてしまう。そしてお金がなくて苦しい生活を強いられている。なぜ、そんなマゾヒズムを好むのだろうか。もう少し、「まとも」な男はごまんといる。

平和ボケの最たる事例だが、飽食も、どこか日本人を堕落させているように思えてならない。

日本には、モノと食が溢《あふ》れている。仕事もだ。

逆にそれが価値を見分けることを困難とさせているのだ。安易に手に入るそこそこの価値のあるモノが溢れていて、少年少女期に親が価値の高いモノを教えなかったことも影響している。

また、価値の低いモノは、ほとんどが大量生産されたものなので、何かしら欠陥があるが、その欠陥で苦労をしたことがない人間も価値を判断できない。白糖を黒糖に替えたら分かるだろう。

もっともＢ層のおばさんは異物混入が続く食品も平気で買いに行くものだ。Ｂ層は皆そうである。

そして、そんな価値の低いモノや人にしか向かわない人間こそ、価値がないというオチだ。

価値がないのは、目の前のモノではなく、その本人なのだ。

厳しいことを言うと思われるかもしれないが私はＢ層が大嫌いだから、どう解釈されてもかまわない。Ｂ層が怒ってきても宇宙人との会話になってしまうので、交われない。

「さっき、向上心のない人間にも仲間を作る価値があると言ったじゃないか」

と、指摘されると思うがその通り。

しかし、本書のテーマをよく熟考してもらいたい。

それは密室でやってほしいのだ。

愚権である。

愚かな行為は密室でやっていい権利がある。

すなわち、**向上心のある人間の前に、やる気のない人間は出てこないでほしいわけだ。**

車の話で言うと、軽自動車で高速道路に入らないでもらいたい。こちらは、アウトバーンを２００㎞で走れる車。そちらは近くのコンビニまでの買い物に使う車だ。

私の友人でトヨタのハリアーを欲しがっている人も同様のことを口にしている。

その男は、「食事の価値は考えないが、モノの価値は重要だ。高速道路の軽自動車をなんとかしてほしい」と語っていた。

「食事はどうでもいいんだ？」

「日本を代表する寿司が嫌いでね」

と自嘲気味に笑ったものだ。

「豚に真珠」は男に対するメッセージ

ここまで読むと、価値の低いモノや価値のない人間に恋をする男女は、頭が悪いの一点張りで、非難轟々《ごうごう》かと思われるが、中間で触れたように、**価値が高すぎて、逆に価値が容易に見いだせないモノを欲しがって、実際に買う人間もとても愚かだと思っている**。

経済には貢献しているが、それこそ、巨大産業の下僕《げぼく》のような気がしてならない。

「豚に真珠」とは実はブスの女性に言いたい言葉ではない。

イケメンでも細マッチョでもない男が、ポルシェに乗っていい気になっていても似合わないのだ。

「かっこいい」

と絶賛されて大満足だが、かっこいいのはポルシェであり、その男ではないことを、彼は分かっていない。

先日、首の治療で専門のクリニックに出向き、愛車をクリニックの前の来客用の車庫に停めた。治療中、「車の運転が趣味なのに、首が悪いから最近は走っていない」と医師に話していたら、医師が治療後に車を見に出てきた。

「おお、かっこいい。私も欲しいな」

もちろん、それは車に対しての賛美。首がボロボロで泣き言ばかり言っている私がかっこいいはずはない。

自分の今の価値、愚かさなどを、『正常でいたいなら』瞬時に察しないといけない。

ここではいろんな事例を提出していき、あなたを納得させてみたい。

あるデブの男がＡＶの汁男のようなバイトをしながらこう言った。

「俺はデブだし、ブサイクで女の子の恋人もできない。こんな業界に足を突っ込んでいるからなおさらだよ。だけど、ＡＶ女優は笑って相手をしてくれるからこれがベストなんだ。車？　どんな車なら似合うかな」

頭の良い男だ。向上心がなくても自分の価値を弁《わきま》えている。きっと、女の価値もよく知っているだろう。しかも、この力ない話をフェイスブックに垂れ流すわけではないのだ。分かるか。

向上心のない話、行動をフェイスブックでさらす。

それが愚行の極みだ。

愚権には大勢に見せないというマナーがあるのだ。

仲間と草食動物のように群れて、それが楽しいならそれでいいではないか。なぜ、その様子を写真付きで見せびらかすのか。そんなに仲間がいるのに寂しいのだと解釈するがそれでもいいのか。

ゴリラみたいな男が、ベンツのＡＭＧに乗ったら、ただのヤクザである。それが分からないのだろうか、とても自慢げに改造を重ねたベンツの写真を投稿している。

しかし、ネイマールやトム・クルーズが超スポーツカーに乗っていたら似合っている。

コスパだけでモノを買ってはいけない

庶民的な話に戻すと、年金暮らしの家に、最高級のブルーレイレコーダーがあり、空き容量がいっぱいだったら、それは価値を知らずに買ったのだと分かる。店の人に騙されたのだろう。

何かを買う前に、その商品の価値を考えない人は多く、お金のない人たちはそれで失敗する。安いモノで価値が高いのは、もっと安いモノだ。

150円のペットボトルのお茶に価値はなく、同じ商品なら95円のお茶に価値がある。これが価値を見極める訓練だ。

軽自動車の頂点を買うなら、普通車のそれなりの方に価値があるのだ。安さを売りにしている商品の少しばかり価格が高いモノを買うのは、まさに愚行と言える。

もちろん軽自動車にも価値はある。

しかしその価値は、車だけに、コストパフォーマンスを考えているものだ。コスパに価値の重点を置くと、価格、費用ばかりに気を取られてしまい、本質を見誤る。また、コスパを気にしない人間と対峙《たいじ》した時に、惨めになる。ゴルフで言うと、安くてよく飛ぶドライバーを持っていたら、同伴者は、ブランド物のよく飛ぶドライバーだった。しかも、飛距離で負けて、「やっぱり無名のクラブは、キャロウェイには勝てないな」と笑っていても惨めだし、そこでブランド物に買い直したら、コストパフォーマンスは低くなったことになる。

自分の価値が分からない愚かさ。

目の前のモノの価値が分からない頭の悪さについて説明した。

「里中、おまえには価値がないぞ」

分かっている。五十歳になった首がまともに動かない男など、女も相手にしない。

もう、分かっているから、静かにしてほしい。

【著者紹介】

里中李生　（さとなか・りしょう）

本名：市場充。1965年三重県生まれ。作家、エッセイスト。20歳の頃に上京し、30歳でフリーライターから作家活動を始める。時代に流されない、物事の本質を突いた辛口な自己啓発論、仕事論、恋愛論を展開する。「強い男論」「優しい女性論」を一貫して書き続け、物事の本質をずばり突くその主義、主張、人生哲学は、男女問わず幅広い層から熱狂的な支持を得ている。ベストセラーやロングセラー多数。著書の累計は260万部を超えている。代表作に『一流の男、二流の男』『できる男は「この言い訳」をしない』『男は一生、好きなことをやれ！』『いい言葉はいい男をつくる』『成功者はみな、怒りを秘めている』（以上、三笠書房）、『「孤独」が男を変える』（フォレスト出版）、『一流の男のお金の稼ぎ方』『男はお金が9割』『「死」を意識することで男は強くなる』（以上、総合法令出版）などがある。

◆里中李生オフィシャルウェブサイト
http://www.satonaka.jp/

愚か者の品格
疲れたあなたに贈る愚権論

2015年12月23日　初版発行

著　者　里中李生
発行者　野村直克
発行所　総合法令出版株式会社
〒103-0001 東京都中央区日本橋小伝馬町 15-18
ユニゾ小伝馬町ビル 9 階
電話　03-5623-5121

印刷・製本　中央精版印刷株式会社

落丁・乱丁本はお取替えいたします。

ISBN 978-4-86280-484-6

総合法令出版ホームページ　http://www.horei.com/

総合法令出版の好評既刊

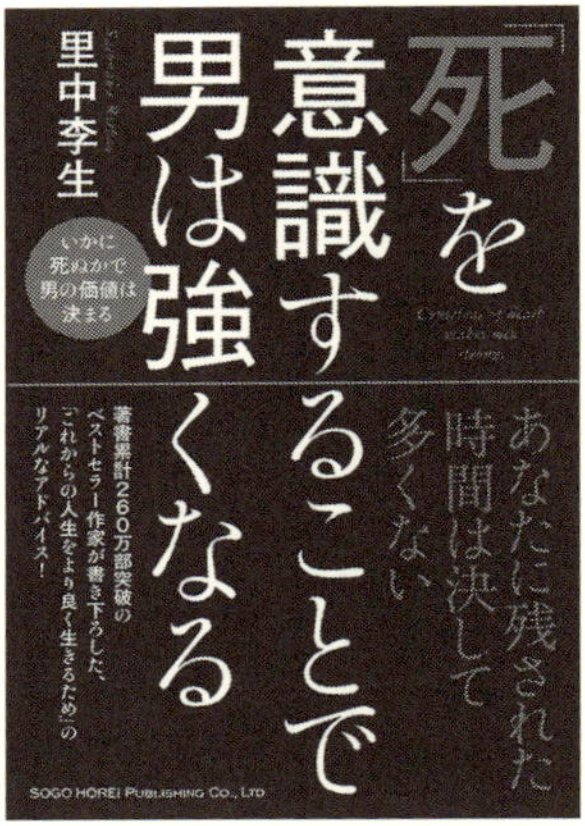

「死」を意識することで男は強くなる

里中李生　[著]

四六判　並製　　　　　　定価（本体1200円+税）

医学の進歩により平均寿命が延びたとはいえ、現代人にとって「死」は意外に身近な存在である。その反面、自身の「死」については無頓着なまま日々を過ごしている人は多い。しかし、あえて「死」を意識することで、人は充実した人生を送れるのではないか。本書は若い頃から難病と闘い、常に「死」を意識し続けて生きてきた里中李生氏による、死を意識することで「よりよく生きる」ことを読者に考えさせるためのリアルで刺激的なアドバイス。